AF599978

EL PÁRAMO EN ESTÍO

Francisco J. Ibáñez Gea

Aliar ediciones

Corrección: Inés González Calo
Diseño de cubierta: Jaime Galisteo
Maquetación: Aliar Ediciones

Depósito Legal: GR 864-2025
ISBN: 979-13-87823-38-2

Impreso en España

Edita
ALIAR Ediciones
www.aliarediciones.es
info@aliarediciones.es

EL PÁRAMO EN ESTÍO

Francisco J. Ibáñez Gea

A Pepita, Paco y Estrella: albaceas de la memoria

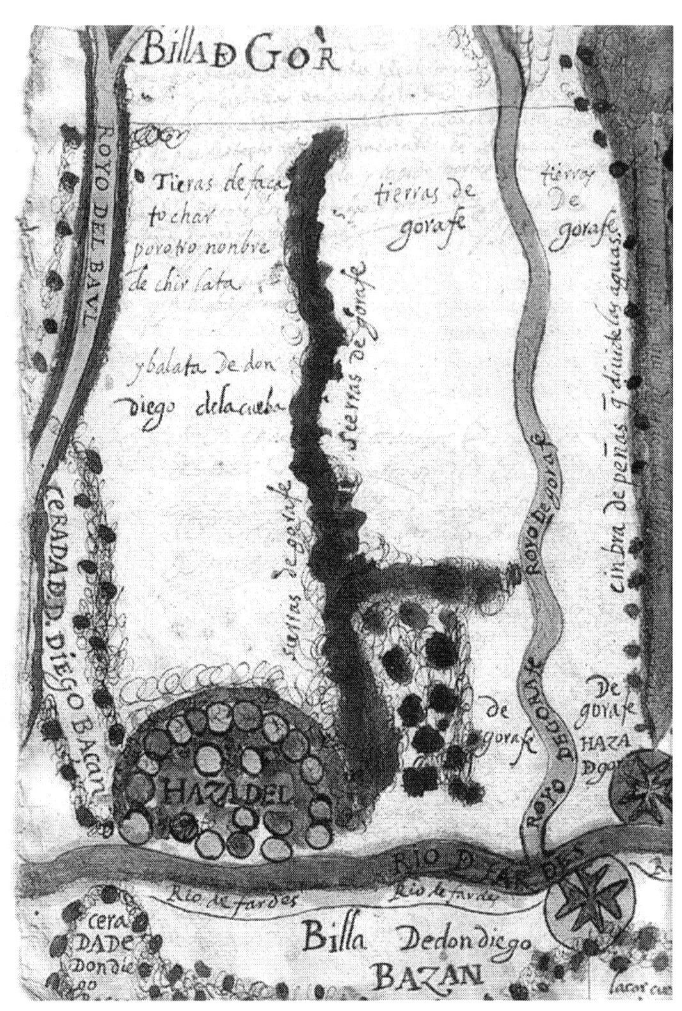

Mapa del siglo XVI (fragmento)

ÍNDICE

INTRODUCCIÓN

Estos días azules,
y este sol de la infancia
Antonio Machado

Hubo un lugar hacia el que, sin ser Roma, todos los caminos conducían. Un páramo desértico vedado por rambletas donde se frecuentaba la trashumancia, a razón de todo el verdor que nacía en la primavera. Quizás cupieran trigales y centenos que doraban la hondonada hacia la que se esparcía en encuentro con la sierra de Baza. Este lugar no tuvo nombre que se le conociera, simplemente ahí estaba desde que se pensara o se pusiera en el mapa, en un silencio roto por el revoloteo de pajarillos y nubes vagando en su cielo. Como en todas partes, supongamos, también llovía y helaba, y el sol en verano fundía las piedras, mas nadie nunca nada dijo sobre esto. Ni una coma. Simplemente ahí estaba. Como cualquier lugar que el mundo daba de lado y miraban de soslayo desde las diligencias: impávidos ante las virginales tierras que al margen del camino todavía no habían sido perturbadas. Dinastías de lagartijas se extendían en el tiempo como faraones, sin que ningún conquistador foráneo hiciera por derrocarlas. Así, igual con grillos, saltamontes o escarabajos. La fauna de aquel rincón no tuvo más evolución que la que dispuso Dios. Los fértiles campos de este lugar, al amparo de retamas y hierbecilla para el ganado casual, nunca tuvieron hambre. Lo que no traía la lluvia, los vientos desplegaban el frescor como maná en favor del campo, para nada escondido, pero al límite de la civilización, que si por algo sería conocido fue por convertirse de la noche a la mañana en el deambular de todos. Así se hizo la Estación de Gorafe.

Ya no existe. Solo existió mientras el tren, como una arteria encendida, le hacía latir el corazón llevando y trayendo pasajeros y mercancías. Fue verdaderamente su razón de aparecer en el mapa. No llegó al siglo, pero lo que allí se vivió es digno de conocer. No hubo grandes hitos ni fue cuna de celebérrimos personajes. Tampoco dio lugar a monumentos o a instituciones de alta alcurnia. Simplemente fue. Cuando el ferrocarril dejó de pasar, paró su latido y quebró cuanto se había creado. Fue desapareciendo con los días. A cada invierno que pasaba le sobraban más fracturas. Primero empezó a caerse una casa, y luego otra, y después otra. Es posible que en esa manzana de casas cayeran como un dominó la de Juan Morales, Salustiano o Fandila Mena. No había ventanas ni puertas que cerrar. El aire vagaba curioso entre los muros, atravesando los cercos holgados que había en los tejados. Puntillas en las paredes porteaban el sombraje de lo que fue un cuadro o espejo. Una silla de anea quedó petrificada en el torbellino del olvido junto al fuego, ahora negrura helada bajo la cornisa. El silencio hizo imperio. Aún lo hace. Aunque con atención, quien aún conserva en su alma la memoria de los años, puede oír el silbido del tren llegar, al cartero con su bicicleta, y a los carros pasar llenos de grano para cargarlos en el almacén del trigo.

Los niños parece que todavía aletean en la puerta de las escuelas, y las gallinas con ellos. El murmullo de los campos de setiembre de jornaleros que al atardecer traían de la siega consigo el oro en coro. Y la música en cada esquina. ¡Una radio, un tocadiscos! Las cigarras ahora encontraron con quién estridular el ambiente. Acémilas por doquier. Las ropas soleando en la fuente Vicario. ¡Baja a la fuente y llena los cántaros! La vida era plácida. Hasta la dura posguerra, que hizo estragos en los crudos primeros años, no pudo poner en jaque a aquella colonia de vecinos que pagaban con huevos en la tienda de Pepe Albarracín. Dentro de la escasez y aridez de aquel panorama, no se pudo esquilmar la decencia de los humildes habitantes. Compartían lo que tenían, se ayudaban en lo que podían, y no se conoció una palabra sobre otra, ni disgusto que conste.

Estas generaciones son la bisagra entre aquel mundo, que carecía de cualquier comodidad o avance, y este. Sin luz ni agua corriente. Sin teléfono o sanitarios. Las novedades llegaban en el tren de media mañana con el correo y el periódico. Hasta entonces no había mundo que aclimatara la opinión del día. También hubo quien tenía una radio con baterías. Estos mismos, que moraron aquel desafío en su niñez, que dieron por sentado aquel mundo rural en el que habían crecido sus padres y abuelos, tras el fardo de destreza derramado en aquel insólito mundo tan ajeno y tan poco lejano a nosotros, guardan imágenes, sonidos y olores que solo pudieron tener lugar allí.

Para constatar anécdotas he revisado archivos a diestro y siniestro, como un faro que mueve su luz en todas direcciones. Familiares y amigos han compartido conmigo fotografías, fuero de la intimidad de su infancia o haz de rostros de sus mayores. Hemerotecas amigas, como el Archivo Histórico Ferroviario, allanaron el camino. Pero no todo el monte es orégano, pues contrasta la cascada de anécdotas con la ausencia de testimonios sobre papel. En una ocasión, paradójicamente, dirigiéndome a un archivo próximo, me replicaron: «Pero si allí no había nada. Lo único que pasaba era el tren». Entonces me vino a la mente cómo sería el gesto amable de Aurelia curando y atendiendo a tantos enfermos; asistiendo en el parto a las vecinas. Cómo sería la voz de Rufina dando clase, o con qué frío se levantaría María Sánchez cuando la escarcha y el helor hacían sabañones y bajaba la escalera para encender el fuego y poder empezar el día.

Recordé a los vecinos del Cejo y a los cortijos repartidos, todos habitados por familias numerosísimas. Los carreteros de Cenascuras frente al silo, las mujeres reunidas en la fuente Vicario. Madre Leocadia desde Picograjo. Nazario, don Julián, los Botas, Ramón, la Tía Chica, Juan Ramírez, Julia, Dionisia, Matea y la Tía María.

Todo pudo ser por ese tren que pasaba por allí, y con él la vida y los recuerdos de todas las familias que convivieron, que fueron migrando antes de ser sorprendidas por el declive. Cada vez que vuelven les asalta la nostalgia ante el impotente esqueleto que yace en la aldehuela quieta y pálida donde aún queda una señal que advierte: «Estación de Gorafe».

CAPÍTULO I

EL ORIGEN

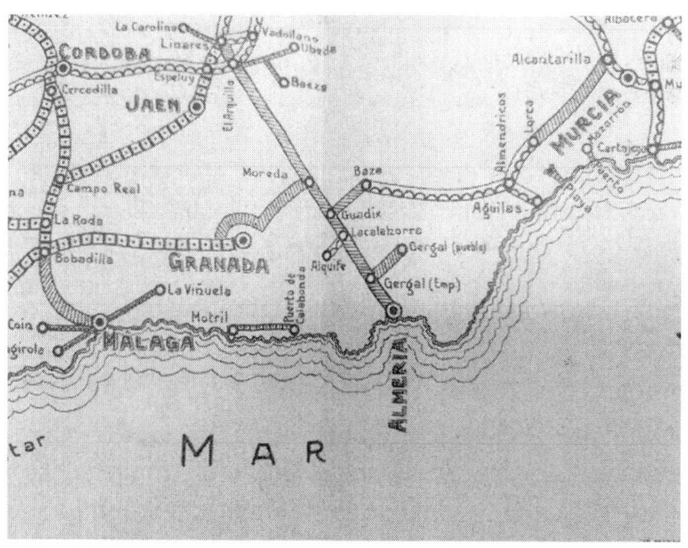

Plano de las líneas ferroviarias del sureste de España[1]

Para finales del siglo XIX, media España era ferroviaria. La fiebre de los raíles hizo más fácil la comunicación con

1. Archivo Histórico Ferroviario. Plano del Anuario de Ferrocarriles. 1927.

Madrid y los principales puertos. El comercio floreció y con ello la especulación por alcanzar mercados pacientemente inexplorados. En la provincia de Granada, el tren había llegado para 1866 con la línea a Loja y tenía conexión con el eje de Bobadilla, que unía Córdoba y Málaga. Este desahogo despreocupó a la provincia de continuar haciendo infraestructuras, saciada la capital y la vega granadina. La Compañía de los Ferrocarriles Andaluces absorbió en 1877 la que lideraba el ramal Córdoba-Málaga, favoreciendo así las transacciones y burocracia por el uso de línea en la región. Fue vertiginosa la furia con la que se encarriló medio país. Las ideas de vanguardia prometían una mejora considerable en los extensos llanos quijotescos cuyo descanso fue interrumpido por los chirridos y silbidos de las locomotoras.

En medio de este ímpetu, las demandas por parte de sectores industriales en Linares requiriendo también el transporte ferroviario de mercancías hacia una zona portuaria, llegaron a ser cada vez más acentuadas. Ciertos polos de producción todavía aislados fueron cada vez más codiciados por los inversores, siendo el principal interesado en el proyecto de la línea Linares-Almería el empresario Ivo Bosch.

La diputación de Granada no tenía ningún interés en invertir en la posible línea que pudiera surgir, aunque sí daba luz verde a que otras entidades pudieran sufragar los gastos de una vía alternativa a la ya establecida Granada-Bobadilla[2].

La diputación de Almería, junto con la de Jaén, consensuó trazar la nueva línea por el altiplano granadino, pasando por las localidades de Guadix, Gor, Baúl y Baza. Uno de los

2. Granada-Bobadilla era el nexo de unión de tres capitales andaluzas: Córdoba, Granada y Málaga, lo que parecía ser suficiente para conectar a los empresarios cordobeses y granadinos, concretamente los de la vega, con salida portuaria por el Mediterráneo.

diarios de la época más entusiastas en cuanto al proyecto sería *La Crónica Meridional*, quien anunciaba en su edición de primero de agosto de 1876 la propuesta:

«Ya comunicamos a nuestros lectores la grata noticia, tomada del Constitucional, el Diario Español y otros periódicos de la Corte, de que había sido presentado al ministro de Fomento, el proyecto de las 1ª y 3ª sección del ferro-carril de Linares a Almería, y que inmediatamente lo había pasado dicho señor a la Junta consultiva para que emitiese con urgencia su ilustrado informe. Lo satisfactorio del emitido por la División de Sevilla, en que, según nuestras noticias, se califica dicho proyecto de trabajo notable, sobre el que llama la atención de la Superioridad, hace esperar confiadamente que la aprobación final será un hecho dentro de poco, y por esto nosotros, centinelas avanzados de cuanto se refiere a los intereses materiales, enviamos nuestra enhorabuena a las tres provincias de Jaén, Granada y Almería, a la Diputación provincial de esta última, que ha costeado los estudios, y a cuantos en ellos han intervenido y a tan feliz término han tenido la suerte de llevarlos.

(...) La longitud de la línea es 308 kilómetros desde la estación de Linares hasta la punta del muelle del puerto de Almería: en este trayecto hay 28 estaciones que tienen los nombres de las localidades a que sirven y son las siguiente; Almería, Benahadux, Alhama, Huécija, Illar, Padules (Canjáyar), Fondón, Beires, Ohanes, Ocaña, Fiñana, Huéneja, Calahorra, Guadix, Gor, Baza, Cuevas de Zújar, Pozo Alcón, Huesa, Quesada, Peal de Becerro,

> Tomé (Cazorla), Torre Pero Gil, Úbeda, Baeza, Canena, Vadollano y Linares».

La primera propuesta de línea no se llevaría a cabo de la forma en la que se visionó. En cualquier caso, se hicieron varios tramos y ramales que podrían comunicar algunas de las vías ya existentes con las de otros proyectos e inversores. Así se originarían los tramos Almería-Guadix; Guadix-Baza; Guadix-Granada con ramal en la estación de Moreda que uniría la vía con la estación de Linares-Baeza. A estos trazados propuestos llegaría la diputación de la región de Murcia, quien también querría conectar el Levante por medio del Empalme de Almendricos entre Lorca y la línea a Baza.

Aquí entra la perspicacia del señor Bosch, primer inversor en dicha empresa, y cuyos contactos permitieron que, en 1889, el Estado subastara la concesión a su favor. De 1890 a 1899 se llevó a cabo la realización del primer tramo entre Guadix y Almería por la empresa francesa Fives-Lille a la que al señor Bosch le unía una relación de amistad[3]. De esta manera se vertebraba un pasadizo por puntos clave que favorecerían la industria y el comercio[4]. La Compañía de los Caminos de Hierro del Sur fue la encargada de cubrir los nuevos tramos de la línea. Así, las comarcas de Guadix y Baza entraban en

3. El empresario catalán Ivo Bosch se trasladó en 1879 a París donde amasó una cuantiosa fortuna y se relacionó con las empresas del sector ferroviario, desde donde intervino en algunas iniciativas en la Compañía de Ferrocarriles de Puerto Rico o la Compañía de los Caminos de Hierros Colombianos.

4. Linares, como polo industrial desarrollado; Moreda, como nexo con la vía de Granada; Guadix, por el polo industrial harinero y azucarero, así como con las minas de Alquife; y Almería, por ser ciudad-capital portuaria.

una nueva fase de su historia, en la que las comunicaciones y el transporte las conectaban más fácilmente, no solo con el exterior sino también consigo mismas. Decía así el diario *El Ferro-Carril* en su edición del 10 de junio de 1890:

> «Ese pensamiento, que a la vez que nosotros lo acariciarán personas de legítima influencia, encontrando un partidario entusiasta en cada uno de los hijos de aquella comarca, casi puede considerarse ya como un hecho, de lo que grandemente nos felicitamos, confundiendo nuestras alegrías con las de la zona que la nueva línea ha de beneficiar. Realizados a poco los estudios y estando dispuesta a acometer las obras la misma empresa concesionaria del camino de hierro de Murcia a Granada, faltaba solo dar forma legal al pensamiento, y a eso tiende la proposición apoyada el martes último en el Congreso por el Sr. Laserna por la que se extiende el objeto que nos ocupa, el que ha de partir de la estación de Almendricos, en la línea general citada, y terminar en Vélez Rubio.
>
> (...) La construcción del ferro-carril de Murcia a Granada, que favorecerá grandemente los intereses de una parte importantísima de las provincias de Almería y Granada, deja sin embargo, en un aislamiento, que sería ruinoso si no se pusiera remedio al daño, regiones muy fértiles de ambas provincias, regiones en las cuales hay extraordinaria riqueza en cereales, harinas, caldos, legumbres, espartos, maderas y ganados, estando además sin explotarse, por falta de vías de comunicación, importantes criaderos y minas de plomo, hierro, cobre, magnesio, antimonio, calamina, blenda, mármoles, jaspe y piedra de todas clases».

El empalme de la estación de Almendricos, en Murcia, permitiría la conexión del Levante (concretamente con el puerto de Águilas), haciendo que comarcas de interior como Guadix y Baza pudieran tener mayor productividad e industria, al ya sumado acceso marítimo por el puerto de Almería.

Fotografía realizada durante la construcción del Cable Inglés en el Puerto de Almería, 1902[5].

5. Archivo Diputación de Almería. El cable inglés, como se le denominó a la terminación de la vía en el puerto almeriense, fue el responsable de cargar todo el material proveniente de las minas, en especial el mineral de Alquife.

Fotografía de la inauguración de la estación de El Empalme (Almendricos) y Pulpí, en marzo de 1890[6].

6. Fotografía tomada por Gustave Gillman. Propiedad del Archivo Regional de Murcia. The Great Southern of Spain Railway Company Limited fue la encargada y propietaria del uso de vía en la línea Lorca-Baza.

CAPÍTULO II

EL TRAMO

Quedaba entonces la creación de la línea Guadix-Baza en el altiplano del nordeste granadino. Del proyecto formará parte un joven ingeniero, cuyo nombre pasará a la historia por ser el gran artífice de la existencia de la estación de Gorafe. Este hombre sería el ingeniero de caminos Rafael de la Escosura[7]. Una vez completado el primer tramo Guadix-Almería, The Granada Railway Company Limited fue la encargada de realizar el tramo hasta Baza, cuyo desafío se encontraba principalmente en el arroyo de Gor. El proyecto empezó a ser intervenido y completado al paso de diversos intereses. De las tres estaciones originales Guadix-Gor-Baza que había proyectadas sobre plano y en conocimiento del público, habría que añadir sobre la marcha el apeadero de

7. En España existía un privilegio sobre los ingenieros de caminos, promovido bajo Real Decreto por José Echagaray en la década de 1880, por el cual podían construir obra pública sin censura alguna, a excepción de la intervención del Estado cuando mediaba expropiación.

Hernán-Valle, el apeadero de Gorafe, la estación de Baúl y la estación de Zújar- Freila. De la Escosura fue quien redactó los informes y envíos a la superioridad, con argumentos que justificaran la localización y viabilidad de cada una de ellas.

El plano más antiguo de esta hilera de estaciones pertenece al de la estación de Gor, fechado el 25 de septiembre de 1903. El proyecto original la situaría en la ubicación que hoy ocupa la estación de Gorafe, como así lo muestra un mapa propiedad del Archivo Histórico Ferroviario.

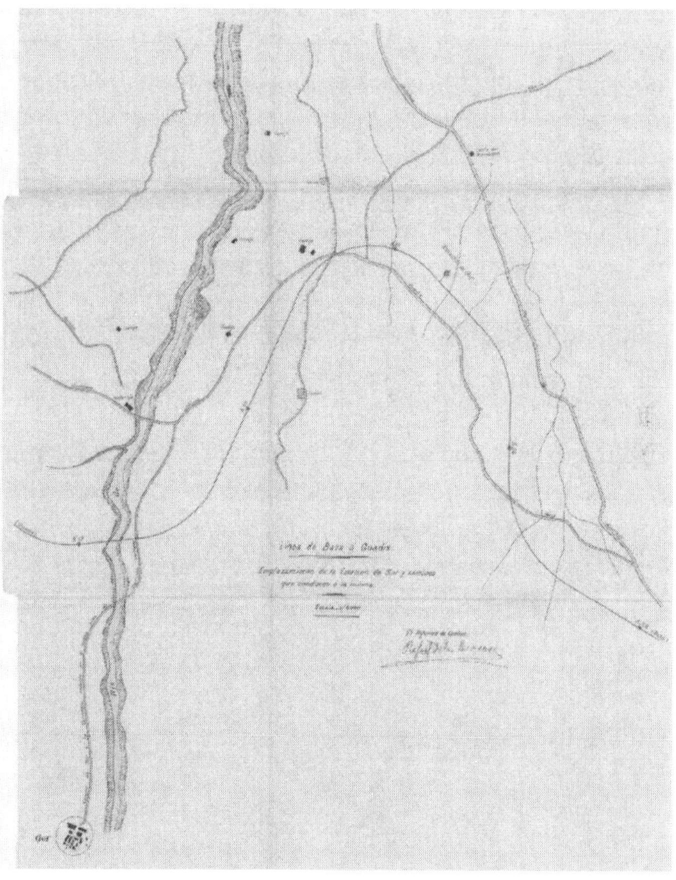

Gracias a este documento se pueden observar los cortijos que para entonces ya existían en la zona, cercanos a la villa de Gor, y que componen un esquema del urbanismo rural de principios de siglo. Queda delimitado el planteamiento inicial del puente grande o de lata, la carretera de Murcia a Guadix, la localidad de Gor, algunas ramblas y cortijos sin especificar y sobre todo el gran problema: el arroyo de Gor.

Este formaba un profundo valle que se abría paso desde la sierra de Baza. Esta zanja, en medio de la geografía moldeada por barrancos del cuaternario, impedía trazar con seguridad el paso entre la estación homónima hasta la siguiente, Baúl.

Se decidió solventar la altura con un puente de hierro construido en los talleres belgas Leccog bajo las directrices de un discípulo de Eiffel. Con esta apuesta, la empresa inglesa creyó así haber procurado la solución más correcta. Por el contrario, la falta de cimentación adecuada en los pilares en un lugar donde los corrimientos de tierra eran recurrentes hicieron que el gran invento pasara a ser conocido popularmente como el puente de lata: cuando los primeros trenes de pasajeros empezaron a llegar, estos debían pararse antes de adentrarse en el puente y sobrepasarlo vacío.

Solo le estaba permitido al personal indispensable: el maquinista y el carbonero. Esto obligaba a los viajeros a tener que bajarse y cruzarlo andando, con todo el riesgo y la incomodidad que aquello suponía y las quejas consecuentes.

Fotografía de los pasajeros cruzando a pie el puente de lata (primera imagen)[8] y del puente siendo construido (segunda imagen).

---

8. Viajeros cruzando a pie el viaducto de Gor. Fotografía tomada en 1908 por George L. Boag, un directivo de la compañía The Great Southern of Spain Railway. Fotografía don Gaunt.

No aportando ninguna seguridad dicha estructura y terminando ser inviable su exigente mantenimiento, la propia estación de Gor se desplazó en el mapa previendo los posibles problemas que podría ocasionar el temido arroyo. El 4 de noviembre de 1905, Rafael de la Escosura firma en Guadix la memoria realizada para solicitar el cambio de los planos originales:

> «El proyecto que tenemos el honor de presentar a la aprobación de la superioridad es el relativo a la estación de Gor en su disposición de vías y edificios.
>
> Se encuentra colocada esta estación en una rasante horizontal de cuatrocientos metros entre los PH 16+300 y 16+700 que hemos obtenido bajando la rasante del replanteo ya aprobado dos metros según indica el perfil que se acompaña y en una alineación curva de trescientos cincuenta metros de radio, fijándose el eje del edificio de viajeros en el kilómetro 16+450, siendo la distancia entre las agujas extremas de trescientos treinta metros. Aunque el emplazamiento aprobado para esta estación al hacerse la aprobación del replanteo con fecha 10 de enero de 1905 entre los kilómetros 12 al 29 (al cual acompañaba un plano y un perfil general de línea entre el o y el km 37) era el kilómetro 21+250, solicitamos ahora la aprobación del actual y por tanto del cambio de sitio fundándonos en las siguientes razones.
>
> *1er Naturaleza del terreno*: El terreno sobre el que se iba a fundar la estación, en el anterior emplazamiento está formado por un banco de arcilla descompuesto y que presenta algunos corrimientos, este terreno es de la misma

naturaleza que el de algunas trincheras que hay en la carretera de Murcia a Granada hacia su kilómetro 202, en las cuales se han construido muros de contención y a pesar de ello el empuje de las tierras los ha roto haciendo subir la rasante de la explanación continuamente considerando por tanto peligroso el establecimiento de una estación en semejante lugar pues si son siempre de temer esta clase de terrenos lo son más en puntos donde han de ir calificaciones y donde se han de acumular más elementos para el tráfico.

Por el contrario, si se construye el actual proyecto se hará en roca dura teniendo por consiguiente una gran ventaja sobre el anterior por la citada particularidad de la naturaleza del terreno.

2ª *Posibilidad de una toma de agua*: El actual emplazamiento está al lado de una finca de riego que es cruzada además de por un barranco (el de agüilla González) que siempre conduce agua por tres acequias de riego y tiene en su extensión un gran nacimiento de agua susceptible de ser aprovechado, mientras que la colocación de la estación en el kilómetro 21.250 aleja todas las probabilidades de tener agua en ella pues el barranco del salitral único cercano solo la conduce en las grandes tormentas y los terrenos que la rodean son de secano.

Ahora bien, como este factor (el agua) desempeña un papel muy importante en las Estaciones no tan solo en el momento, sino para lo porvenir por un aumento de ella debido a otro del tráfico consideramos esta como una de las razones más poderosas que justifican el cambio de la estación.

3ª Conveniencia del pueblo de Gor: En efecto el pueblo de Gor está colocado en la margen izquierda del río del mismo nombre y disponiéndose la estación en el emplazamiento que se propone quedan ambos del mismo lado del río, no siendo preciso por tanto el atravesarlo para ir a la estación, mientras que en el otro, les hubiera sido preciso o la construcción de un puente sobre el río o tener que quedarse aislados de la estación en los casos en que el río llevase tan cantidad de agua que hiciera imposible su paso.

Además, todos los cortijos más ricos de la vega, así como los centros productores del esparto están del mismo lado del pueblo favoreciéndoles por tanto y mucho el emplazamiento que ahora proponemos[9]. Si a esto añadimos que el cambiar la estación la acercamos a la Capital de su Provincia (Granada), a la de su partido judicial (Guadix) y al puerto más cercano (Almería) se comprenderá fácilmente que al abaratar como es consiguiente el precio del transporte con dichos centros fomentamos las relaciones comerciales, así como las de todo cualquier otro orden del pueblo, colocándolo en mejores condiciones que con el emplazamiento anteriormente aprobado.

Como respecto a distancia del pueblo y cercanía de los caminos están en iguales condiciones el uno que el otro,

9. Este dato es controvertido, dado que, para entonces, D. Cristóbal Peregrín había adquirido terrenos en la estación sita en el primer plano, saliendo perjudicado con este nuevo reajuste en caso de no haber una subsanación. En cuanto a «cortijos más ricos de la vega», y según se indican en el mapa propuesto, tres de los que aparecen son El Piojo (Cejo), Colorao y Picograjo (Cenascuras) que, necesariamente, desde el pueblo, habrían de cruzar el río.

creemos que la superioridad admitirá el cambio que se solicita. El nuevo emplazamiento está a setecientos metros de la carretera de Murcia a Granada, a ciento cincuenta del camino que de Gor conduce a dicha carretera y a cien del camino que desde el fondo del valle va a la cumbre del mismo que es donde está colocada la Estación.

Tipo adaptado para la Estación. Es el ya aprobado por la superioridad en la clase 4ª, cuya clase es la que se propone para esta estación siendo sus edificios, vías y demás, de los tipos aprobados para la línea. Como además el patio de mercancías lo consideramos suficiente para el servicio general y es susceptible con facilidad de un gran ensanche caso de que fuera preciso su aumento y el patio de viajeros y los espacios alrededor de ellos son capaces para el tráfico que se ha de desarrollar esperamos confiados que la superioridad ha de aprobar el actual proyecto.

Guadix 4 de noviembre de 1905[10]».

10. Archivo Histórico Ferroviario. Memoria de 4 de noviembre de 1905 por el ingeniero Rafael de la Escosura sobre la estación de Gor.

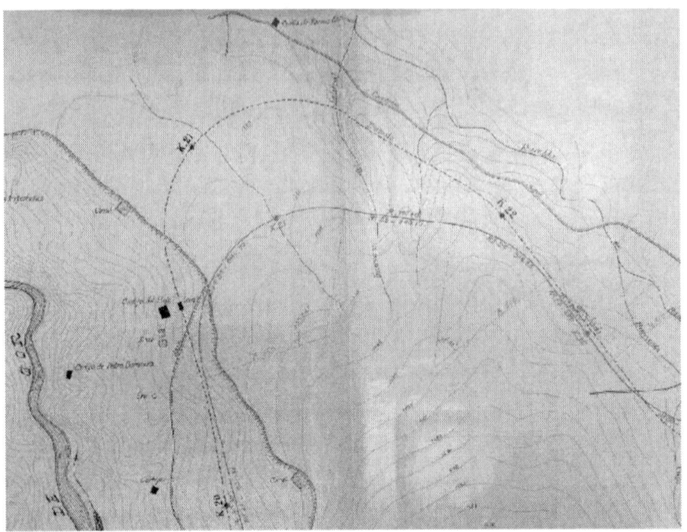

Fragmento del plano de reubicación de la estación de Gor al otro lado del arroyo (ubicación final y actual), quedando desierta la parcela de terreno prevista. Archivo Histórico Ferroviario.

Debió surgir algún conflicto de intereses que obligara a dicha modificación. Aunque las justificaciones eran sólidas, *a posteriori*, en la misma ubicación proyectada para la estación de Gor se construyó otra estación (la de Gorafe), lo cual indica que las características del terreno y su emplazamiento no eran tan adversas como para desinteresarse objetivamente por aquel lugar.

La morfología del terreno fue siempre un inconveniente para las cimentaciones del primer puente (de lata), subsanado por el reemplazamiento del puente chico. Sin embargo, en la zona ya existían otras edificaciones anteriores que no habían sufrido las hipotéticas catástrofes prevenidas. Así puede verse en el mapa señalado con la presencia de la casilla de los Peones Camineros en la carretera de Murcia a Guadix (próxima al barranco del Salitral) o el Cortijo Piojo y el resto de cuevas y corrales (el Cejo), en la propia ladera del arroyo.

En cuanto al abastecimiento de agua, es cierto que en el altozano de la estación de Gorafe nunca llegó en sí suministro potable. No obstante, la población de aquellas cortijadas, cuevas y casas podían abastecerse del manantial de la fuente Vicario. Además, se construyó un aljibe, en el propio edificio de la estación, abastecido de agua por vagones cisterna que era traída por ferrocarril. En el tercer punto esgrimido por De la Escosura es quizás donde resida el objeto en cuestión para la modificación del plano original: conveniencia del pueblo de Gor.

En aquel momento no se imaginaban que el costoso puente que comunicaba uno y otro lado del valle iba a ser tan problemático, hasta llegar al punto de tener que retirarlo y construir otro más bajo, quedando incluso al mismo nivel del camino. Este hecho ya debilita la hipótesis de la incomunicación. En caso de una riada avenida por fuertes lluvias, el camino de Gor a la estación sería impracticable, como también lo sería el propio paso del tren por el puente chico. Con la nueva ubicación de la estación de Gor, hubo de construir un apeadero o caseta a medio camino entre esta y el puente chico, para acercamiento de los vecinos.

Para entonces, los compromisos adquiridos sobre el primer plano ya eran muchos, al igual que las quejas recibidas por este cambio de planes que tanto perjudicaba, principalmente, a los empresarios que ya tenían terrenos con fines industriales, a los cortijos agrícolas que podían comercializar sus productos, y, sobre todo, a la localidad de Gorafe[11].

---

11. La estación estaba planteada, a medio camino entre Gorafe y Gor como una estación compartida, al igual que ocurría con Linares-Baeza, Jódar-Úbeda o Zújar-Freila.

En 1906, el propio De la Escosura traza el apeadero de Gorafe, sin mucha dificultad, pues retomaría el emplazamiento primitivo de la estación de Gor:

> «Habiéndose presentado por numerosos vecinos del pueblo de Gorafe, colocado a unos siete kilómetros aguas debajo de Gor, en la margen izquierda del río de su nombre, una solicitud pidiendo un apeadero colocado a la derecha del río, pues ellos no tienen otro medio de pasarlo que ir a la carretera y por el puente que allí hay llevar sus productos a la estación de Gor, lo que les alarga el trayecto en diez kilómetros.
>
> También pueden utilizarlo con ventaja todos los propietarios de Gor que tengan sus fincas en la margen derecha y llevar sus productos a este apeadero no teniendo necesidad de atravesar el río para llevarlos a la estación de Gor. Por todo lo expuesto y teniendo en cuenta además que en el sitio elegido es susceptible de mayor desarrollo si las necesidades del tráfico lo exigieran esperamos confiados que el presente proyecto ha de merecer la superior aprobación.
>
> Gor 7 de octubre de 1906
>
> Aprobado por Real Orden de 24 de diciembre de 1906[12]».

Aunque el título de construcción fuese apeadero, el edificio elevado en aquel lugar que en un primer momento debería haber llevado el nombre de Gor y se recalificó como

12. Archivo Histórico Ferroviario. Memoria del proyecto de apeadero para Gorafe. 7 de octubre de 1906.

estación de Gorafe, disfrutó del mismo rango arquitectónico de clase 4ª que las demás estaciones de ferrocarril, entre ellas Zújar- Freila[13] y Baúl. Algunos de los jefes de apeadero que estuvieron en la estación de Gorafe en la primera década desde su inauguración fueron:

Manuel Galiano Jiménez (1909 y 1910).
Cristóbal Martín Méndez (1911 y 1912).
Manuel Quero García (1913).
Ramón Hervías (1914).
Bibiano Guinea Urzaga (1915).
José González (1916 y 1917).[14]

---

13. Esta estación contaba con servicio de diligencia al famoso balneario termal de Zújar, uno de los más concurridos y reconocidos de Europa.

14. AHF: A partir de José González, la estación deja de ser reconocida como apeadero, pues su cargo era el de «Jefe Suplente» a diferencia de sus predecesores que ostentaban el título de «Jefe de Apeadero». En 1918, la compañía es absorbida por andaluces y no se indica en el Anuario Ferroviario los cargos destacados en las estaciones de menor rango o relevancia.

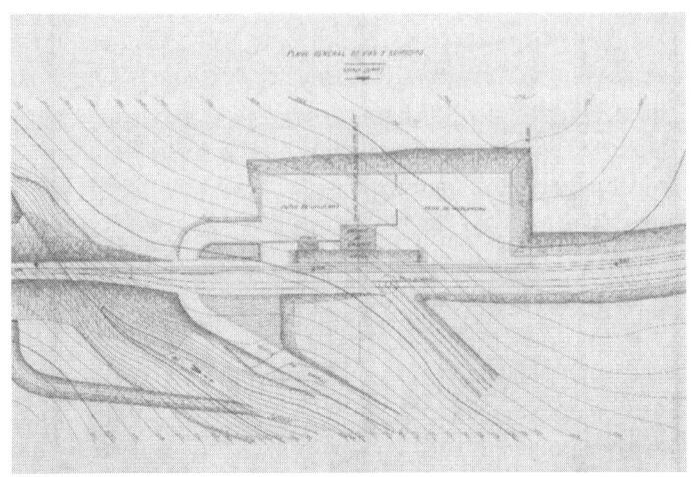

Plano original del apeadero, 1906[15]

Todo preparado, podríamos decir que a la insistencia del pueblo de Gorafe se sumaría el verdadero interesado: Cristóbal Peregrín Caparrós. Natural de Pulpí, compró terrenos aledaños a la línea Linares-Almería, como en los llanos que delimitaban la estación de Zújar-Freila y en Gorafe. Su negocio era el esparto y la almendra, teniendo la central de sus talleres en la capital almeriense, con exportación internacional. Por tanto, dos propietarios, dos misiones y dos motores marcarían el rumbo de la estación de Gorafe: el ferrocarril y la explotación agraria de Peregrín. Esos serían los factores que harían posible el germen de vida a una aldea con un futuro por delante.

El viernes 8 de febrero de 1907 en el *Noticiero Granadino* se podía leer el titular *De Baza a Guadix* que decía:

15. Archivo Histórico Ferroviario. 7 de octubre de 1906. Apeadero de Gorafe propuesto por el ingeniero Rafael de la Escosura. Quedaría construido como estación para febrero de 1907.

> «El día 5 del actual verificóse el reconocimiento de la sección comprendida entre las estaciones de Baúl y Gor de la línea de Baza a Guadix. Asistieron al reconocimiento el ingeniero jefe de la tercera división de ferrocarriles, don Honorato Manera, el ingeniero, don Enrique Bartima, el ayudante, don José R. Molina y don Rafael de la Escosura, representante de la compañía constructora (...) La vía está ejecutada con arreglo al proyecto especial aprobado. Está terminada la estación de Gorafe, única comprendida en el trozo objeto del reconocimiento, faltando por terminar el camino de acceso a la carretera».

De esta manera, nacía la estación de Gorafe. Así, aquel páramo, se preparaba para participar del frenesí traído por una hilera humeante que hacía de besana a un cielo cristalino. *La Crónica Meridional* relataba con entusiasmo la apertura de esta vía bajo el título de *Nueva línea*:

> «Como nuestros lectores tienen conocimiento por el telegrama que ayer publicamos, es probable que el próximo lunes y a excepción del trasbordo del puente de Gor, queda terminada y abierta a la explotación la línea que de Guadix a Baza nos une ferroviariamente con todo el litoral de Levante, mejora que tantos beneficios ha de reportar a varias comarcas.
>
> La explotación se venía haciendo hasta Gor, y ahora se completará el servicio hasta el mismo Baza, inaugurándose las estaciones de Gorafe, Baúl, con otro viaducto de gran importancia, Zújar-Freila y Baza, o sea su término. La nueva línea de Guadix a Baza, tiene 51 kilómetros de recorrido, que se hará en 3 horas y 20 minutos. Estaban

en explotación 17 kilómetros, y desde el lunes se abrirán al servicio público 34 kilómetros. Las obras de más importancia en dicha línea son los puentes de Gor y Baúl, que, con las expropiaciones dificultosas, han sido las obras que más han retrasado este anhelado momento.

Con esta nueva línea ya se podrá ir directamente en ferro- carril desde Almería a Baza, Lorca, Murcia y todo el litoral levantino. El viaje desde nuestra capital a Murcia tiene ahora solo un inconveniente, y es que en Baza no enlaza con el correo de Murcia, y por lo tanto es de esperar que se haga una nueva combinación con el mixto, para poder hacer dicho recorrido de una vez, sin tener que pernoctar en Baza. De Almería a Baza, o sean 151 kilómetros, se podrán recorrer en 6 horas y 25 minutos; saliendo en el tren correo a las 12.10 de esta capital, se llega a Baza a las 6.25 de la tarde[16]».

16. *La Crónica Meridional* (Almería) de 15 de marzo de 1907. Pág 2.

Puentes de Gor y Baúl[17]

17. 1: Fotografía del Puente (de lata) de Gor. Principios siglo XX. 2: Fotografía del Puente de Baúl. 1905. Gustavo Gillman. En 1912 se decidió construir otro puente paralelo más pequeño al de Gor, que subsanara el escollo y así quitar el antiguo para trasladarlo a Dúrcal.

Los pasos estaban marcados:

«Se están haciendo las reparaciones que han sido exigidas por el ministro de Fomento para la inauguración del ferro-carril de Guadix a Baza. Dichas reparaciones quedarán terminadas en breve plazo y por tanto también la inauguración de ese ferro-carril será muy pronto. Como dijimos hace algunos días, los empleados están ya todos en sus puestos, habiendo recibido la aprobación el cuadro de marcha de los trenes, que será como sigue:

TREN 31– Saldrá de Guadix a las 16; De Hernán Valle a las 16.33; de Gor a las 16.50; de Gorafe a las 17.28; de Baúl a las 17.32; de Zújar-Freila a las 18.21; llegando a Baza a las 18.35.

TREN 32 – Saldrá de Baza a las 8.50; de Zújar-Freila a las 9.11; de Baúl a las 9.54; de Gorafe a las 10.15; de Gor a las 10.56; de Hernán Valle a las 11.10; llegando a Guadix a las 11.30. Los dos trenes son correos mixtos. El puente de Gor será pasado por los viajeros a pie[18]».

No debemos olvidar que dentro de la línea Guadix-Baza, los únicos apeaderos sobre plano son Gorafe y Hernán-Valle (anejo de Guadix), siendo ambos muy diferentes en el progreso que experimentaron. Mientras el primero prosperó, el segundo permaneció intacto, aunque en la memoria de elaboración y justificación De la Escosura se mostrara optimista en el crecimiento de la zona:

18. *La Crónica Meridional* (Almería) 13 de marzo de 1907.

> «También en él se puede ver que el espacio que destinamos a patio de viajeros es suficiente para permitir en su día una ampliación de ella si el tráfico lo exigiese. Como el poblado de Hernán-Valle solo se compone de unas pocas casas y de poca población, con lo que se proyecta hay más que sobrado para su servicio, que muy bien puede ampliarse, por lo que se ha dicho, el día en que el establecimiento de una industria bien fabril o agrícola lo haga preciso»[19].

Sobre la estación de Baúl (anejo de Baza), más allá de su naturaleza como centro de explotación agrícola, ocupaba una función distinta al resto: vigía sobre el puente que cruza su arroyo. Así se afirma en la memoria redactada:

> «El sitio elegido, aparte de esta tiene sobre cualquier otro que se hubiese escogido, la ventaja, de que se ha de poder ejercer mayor vigilancia en el puente del Baúl y la de permitir el establecimiento de una forma de agua, que venga por tubería desde la Venta del Baúl o que se tome directamente del río.
>
> (...) Como además el patio mercancías lo consideramos suficiente para el servicio de esparto, principal mercancía que hay que exportar, si es que como no es probable no se desarrollan industrias mineras en sus inmediaciones y como el patio de viajeros y los espacios alrededor del muelle de mercancías, entendemos que son suficientes, dado el pequeño tráfico que ha de tener esta estación»[20].

19. Archivo Histórico Ferroviario. Memoria de creación del apeadero de Hernán-Valle. Guadix, 27 de noviembre de 1905.

20. Archivo Histórico Ferroviario. Memoria de creación de la estación de Baúl. Guadix, 6 de mayo de 1905.

Se observa que las estaciones del ferrocarril de esta línea tienen un punto de partida común: su localización obligada por la cercanía de la vía en un paraje acompañado por diseminadas y remotas cortijadas.

En el caso de la estación de Gorafe, lo que pudiera ser un simple apeadero o sencillo alto donde el maquinista supiese dónde parar, empezó a crecer poco a poco hasta convertirse en una aldehuela, un lugar de referencia donde acudían paisanos de cortijadas vecinas y forasteros. Rafael de la Escosura y Cristóbal Peregrín fueron los verdaderos revolucionarios de esta empresa, despidiendo la quietud de siglos para convertir un atochal en un palpitante trasiego al que llegaron, como embarcados hacia el Nuevo Mundo, los primeros colonos.

CAPÍTULO III

LOS PRIMEROS COLONOS

La estación de Gorafe se inaugura el 5 de febrero de 1907. En el archivo de protocolos notariales de Guadix ya existe registro del 23 de octubre de ese mismo año de un documento fedatario en el que el notario accitano Antonio Montes Díaz ha de ir a la propia estación, requerido por Manuel Aguirre Rejón, para peritar los daños en la propiedad de Peregrín. La trifulca es seria: las lluvias del otoño habían empapado y enmohecido el esparto, que entonces no contaba con almacén donde guardarlo. Las pérdidas eran cuantiosas. Y, de seguir así, la situación asentaba un mal precedente para el naciente negocio. En el documento firma como testigo, entre otros, Antonio Albarracín Belmonte: el primero de los colonos en habitar la estación y enraizar durante cuatro generaciones más los pámpanos en aquella casa con cantina.

La amistad y cercanía que unía a Peregrín con Albarracín fue tal, que le encargó regentar los beneficios de su producción y gestionarla en su nombre. El matrimonio Albarracín-Baraza[21] se estableció junto con sus hijos Pepe, Antonio, María y

21. La familia Albarracín-Baraza era oriunda, al igual que Cristóbal Peregrín, de Pulpí. Además, la mujer de Antonio Albarracín, María Baraza Caparrós, podría ser familiar a su vez del propio Peregrín, lo que fortalecería los lazos y la confianza entre las dos familias.

Diego. Para ellos se construyó una manzana de casas y otra para los trabajadores de la espartera. De esta manera se formularía el emplazamiento urbano con los principales edificios de la zona: la estación y las vías, las casas de Albarracín, las casas de jornaleros y el silo. Un par de años más tarde se hizo el muelle de embarque, que sirvió para airear el esparto e impedir que se pudriera. El negocio se enfrentará a otro revés el 1 de marzo de 1912, como relataban los noticiarios de la época:

> «El sumario instruido por el juzgado de Guadix, con motivo del incendio de espartos ocurrido en el muelle de la estación de Gorafe, el día 1º de marzo de 1912, puede servir de muestra de a qué funestos extremos conduce la rivalidad industrial, cuando sacándola de sus límites mercantiles se la convierte en enemistad personal y en fuente de odios. En efecto: la zona espartal de los distritos de Guadix y Baza, aparte de otros muchos, venía siendo explotada casi exclusivamente por dos entidades; la Sociedad "Hijos de Bartolomé Muñoz" de Águilas, y D. Cristóbal Peregrín Caparrós, persona esta que en los últimos quince años, dedicado a la compra-venta de espartos y a su exportación al extranjero, ha conseguido por su laboriosidad incansable, el manejo habilidosísimo de los factores que integran el negocio, la seriedad de su proceder y el riguroso cumplimiento de su palabra hablada o escrita, convertir la industria en que emplea su actividad en fuente de ingresos para las provincias de Granada, Murcia y Almería aparte de labrar con ello su propia prosperidad. Pues bien: sea porque la casa "Hijos de Bartolomé Muñoz" desesperase de vencer al señor Peregrín en la competencia industrial; o sea que esta les hubiera causado daños financieros que la Sociedad

> quisiera vindicar, es lo cierto que cuando se quemaron 2600 quintales de esparto en la estación de Gorafe, pertenecientes a dicha entidad mercantil, ella se mostró parte en el sumario que por tal suceso se instruyó en Guadix, dirigiendo sus acusaciones y persiguiendo al señor Peregrín, a quien reputaron inductor de Diego Albarracín, de 18 años de edad, para que éste prendiese fuego a los espartos aquellos».

Eran las dos de la tarde y los quintales sitos en el muelle pertenecían a los Hijos de Bartolomé Muñoz. Accidente o no, todas las miradas se clavaban en Peregrín, propietario de la mayor parte de los terrenos anexos a la estación de Gorafe y quien años antes pidiera ante notario solicitar un muelle, en aquel instante ocupado por la mercancía de la competencia. Diego fue acusado de haber sido convencido por Peregrín para hacerlo, aunque finalmente la falta de pruebas suficientes rebajó la tensión de aquel conato, que asestó un precedente más en el astuto comercio del esparto.

> «Los motivos del incendio no pudieron averiguarse en los primeros momentos, a pesar de la inmediata intervención de la guardia civil y del juzgado municipal de Gor; todavía hoy se discute si fue alguna chispa desprendida de la máquina de un tren que pasó momentos antes o la lumbre de un cigarro de las personas que trabajaban cerca de las pilas de espartos. Pero como los que se quemaron pertenecían a los "Hijos de B. Muñoz", rivales en el negocio del señor Peregrín, y empleados de éste fueron los primeros en acudir a extinguir el incendio, los enemigos de dicho señor lanzaron la absurda especie de que éste había inducido al hijo de su capataz para que

> incendiara, y comenzó el desate de las malas pasiones de los jornaleros que tenían algún descontento de los empleados de Peregrín y los de aquellos otros desaprensivos que de sus declaraciones quisieron hacer granjería».

El poder de la empresa rival no podía aceptar una derrota de semejante calibre sin minar el prestigio de Cristóbal Peregrín, insistiendo el abogado de estos en la persona del joven Diego:

> «El juicio continuó con los informes elocuentes del fiscal y del acusador, contra Diego Albarracín, por suponer que éste prendió fuego al tirar un cigarro encendido para que su padre no le viese fumar, cometiendo con ello un delito de incendio por imprudencia temeraria»[22].

Tras este suceso y en los sucesivos años no se conocieron discusiones en semejante tono. Habría que esperar hasta la posguerra cuando se diera cuenta en las noticias de *Ideal*, con cierta frecuencia, el robo o hurto de alguna cantidad de grano procedente del silo, entonces ya Almacén del Servicio Nacional del Trigo.

El siguiente añadido arquitectónico al ya establecido será la caseta y báscula[23] homologada que la empresa Esparto-Corchera Ibérica reclamaba para facilitar las transacciones entre sus productores y las exportaciones realizadas por ferrocarril

---

22. *Noticiero granadino*: 19 de junio de 1913. Primera página, sección «En la audiencia».

23. La báscula resultante procedía de Barcelona, de la fundición de «Hijos de A. Ariso», instalada frente a la puerta principal de acceso al almacén.

hasta Almería. Así se dirigían en 1919 al ministro de Fomento para conseguir el permiso necesario:

> «Excmo Sr Ministro de Fomento-Madrid. La Esparto-Corchera Ibérica, Sres Symington Hermanos y Compañía comerciantes, residentes en Almería, y habitantes en la calle de Abellán, de esta Ciudad, con el debido respeto exponen: Que necesitando para su negocio establecer en la estación de Gorafe, del ramal de vía de Baza a Guadix en la línea del Sur de España, y en terrenos de dicha Compañía, la instalación de una báscula para pesar sus carros, y una caseta para la dicha báscula, y estando esto comprendido dentro de las prescripciones del artículo 17 del Reglamento de Policía de ferrocarriles de 8 de septiembre de 1878, suplican a V.E. se sirva conceder el oportuno permiso, a fin de poder comenzar lo antes posible las obras necesarias para dicha instalación. Acompañamos croquis. Gracia que espera merecer de V.E. cuya vida Dios guarde muchos años. Almería para Madrid, a 16 de agosto de 1919»[24].

De esta manera quedaría dispuesto el primer entramado de asentamiento en la estación de Gorafe. En cuanto a los primeros pobladores que acompañaron a la familia Albarracín-Baraza, existe un censo de la villa de Gor de 1932 en el que se enumera a doce mujeres y ocho hombres. En estos primeros veinticinco años, algunos son los nombres que van a estar estrechamente ligados a la historia de dicho lugar. Entre ellos se encuentran Andrés Cortés Tortajada, Salustiano Pérez Gómez o los hermanos Eloy y Francisco Quirante

24. AHF. En Copia. La Esparto-Corchera Ibérica al ministro de Fomento. 16 agosto 1919.

Tapias. Muchas de estas personas procedían de términos cercanos como Gor, Cenascuras, el Cejo o Gorafe. En el censo aparece también María Sánchez Hernández, procedente del cortijo Picograjo, casada con Pepe Albarracín Baraza y para la fecha con dos hijos: Antonio (1929), Modesto (1931), y embarazada del tercero, María (1933).

Andrés Cortés Tortajada fue entonces jefe de estación, siendo por tanto uno de los primeros en ocupar dicho cargo en la reciente industria ferroviaria. Por un artículo firmado por él podemos considerar cómo era su personalidad y cuál era su actitud frente a algunos agravios cometidos en el sector ferroviario:

> «La negativa de que a diario somos objeto determinados ferroviarios (los de línea humilde) por parte de la Compañía de los ferrocarriles de Madrid a Zaragoza y Alicante en los billetes a tarifa reducida, único beneficio que con fundamentos obrados nos puede conceder, es causa por primera vez, haciendo uso de la Prensa granadina, distinción que el gran número de ferroviarios afectos a este asunto sabremos guardar, de que censure la actitud en que se ha colocado la citada Compañía»[25].

Tortajada hacía referencia a los privilegios que disfrutaban algunos ferroviarios pertenecientes a la Compañía de Caminos del Hierro del Norte. Durante la dictadura de Miguel Primo de Rivera las entidades ferroviarias son beneficiadas con subvenciones públicas que pudieran sanear y desestresar los balances negativos a los que estaban llegando. En cualquier caso, denota valentía firmar en un medio regional una denuncia pública contra el sistema y la falta de equidad con

25. El Defensor de Granada: 27 de febrero de 1927.

los más desfavorecidos, exigiendo las mismas condiciones que en otras partes de España.

Cortés Tortajada se instaló en la casa destinada al jefe de estación en el propio edificio diseñado por De la Escosura junto a su mujer, Amparo Fernández Jiménez, y sus hijos —y los que fueron llegando— Andrés (1929), Ernesto (1932), José Luis (1933), Amparo (1935) y Julio (1938). El edificio constaba de dos partes: el domicilio de quien ocupara la jefatura y el espacio destinado a los viajeros, venta de billetes y almacenamiento.

Un puñado de veinte personas fueron quienes con sus días y sus noches habitaron aquel recién descubierto lugar. Siempre allí presente, sin que nadie reparara en que algún día el desierto altozano, pasto de trashumancia y recreo de codornices, pudiera alojar la industria y la modernidad en tantos kilómetros a la redonda.

Fotografía de la familia Cortés Tortajada-Fernández Jiménez, en la estación de Gorafe (1932)[26]

26. Fotografía cedida por la familia Cortés Fernández. Aparecen: Andrés Cortés Tortajada (centro) Amparo, Felicidad y Dolores Fernández Jiménez. Los niños son Andrés y Ernesto Cortés Fernández.

CAPÍTULO IV

LA FAMILIA ALBARRACÍN

Fotografía del matrimonio Albarracín-Baraza[27]

La familia Albarracín-Baraza provenía de la población almeriense de Pulpí[28]. Antonio Albarracín Belmonte y María

27. Antonio Albarracín Belmonte y María Baraza Caparrós aparecen juntos en la parte izquierda de la fotografía, bajo el cartel de Hotel. La fotografía fue tomada en el Hotel Central sito en la plaza España de Tetuán (actual Plaza El Mechouar).

28. Para el año de 1907 aún constaban en el censo de Pulpí como vecinos de dicha localidad, junto al propio Cristóbal Peregrín y

Baraza Caparrós aceptaron la petición de Cristóbal Peregrín de instalarse en las inmediaciones de la estación de Gorafe para poder gestionar el negocio del esparto y sus propios intereses frente a otras empresas o instituciones. Al matrimonio acompañaron también sus cuatro hijos Antonio, Pepe, María y Diego.

La casa que se construyeron en la zona era la que tenía unas dimensiones más amplias (pues se iba agrandando en función de las necesidades[29]), sirviendo a su vez como horno y cantina para los vecinos y trabajadores jornaleros, y de posada para los viajeros que necesitaban hospedarse a expensas del tren en el que hubieran llegado o fueran a irse. En la misma manzana, se encontraba la casa que sería para su hija María, casada con Julián Moya. La siguiente vivienda, bajando la ladera, sería para Antonio, el cual no la usaría a excepción de algunas temporadas de descanso, pues era guardia civil y residía en el cuartel. Anexa a esta estaba la de Diego, casado con Teresa Cano Yeste. Como hijos tuvieron a Antonio (1926), Amalia (1928), Teresa (1933) y Maruja (1940). Finalmente, Pepe, vivía con María Sánchez en la casa principal. Pepe era jornalero al igual que Diego, pero en un momento dado decide abandonar ese oficio y ponerse a

---

señora, Antonia Zurano Carmona. Además, es de interés mencionar que también residían en la localidad el hermano de Antonio, Daniel; y la hermana de María, Ana, teniendo matrimonio ambos pares de hermanos entre sí.

29. En el libro de fiar de 1940-1942, encontramos que sirvió además como libro de contabilidad de una obra que se realizó en la casa en octubre de 1940. Esta ampliación supuso en gastos 3.991,75 pesetas. Entre los albañiles constan José Cigarra, Paquito Lovico y Juan José. En el proyecto se contabilizaron los materiales y la mano de obra (yeso, ladrillos, el porte de arena de los arrieros, los viajes de los albañiles a Guadix, piedra, cal y cemento).

trabajar como carretero en las temporadas de caña de azúcar de Motril, lo que le porta grandes beneficios durante la campaña. Cuando el transporte se mecanizó compró su primer camión a su cuñado Joaquín, y posteriormente un Ford.

Antonio se casó en 1921 con Carmen Romero Suárez. Tuvieron tres hijos: Leonor, Carmen y Francisco. Fue varias veces condecorado por su buen hacer dentro del cuerpo. Estuvo en varios destinos, entre ellos en Benalúa de Guadix en 1936. Conocida por ser zona republicana y de población anarquista, Antonio seguramente se refugiaría en la casa de la estación hasta que pasara la Guerra Civil. Al término de esta, fue enviado al cuartel de Guadix donde sufrió un accidente mortal. El 1 de septiembre de 1941 se hizo una redada para detener a unos maquis presentes en los alrededores de Graena, los cuales fueron conducidos a Guadix y encerrados en una habitación de la planta baja del cuartel hasta tanto se instruyera el oportuno atestado, de donde se fugaron dos de ellos, hiriendo al guardia 1º Antonio Albarracín Baraza.

Los fugados fueron José Ramírez Fajardo y Rafael Fajardo Jiménez.

Conviene contrastar la nota dada por el atestado realizado por un coronel, a petición del gobernador militar, para clarificar la situación en aquel caótico zafarrancho que se creó en el patio del cuartel:

> «Sobre las 20 horas de la noche de ayer poco después de salir el capitán, uno de los presos solicitó hacer una necesidad abriéndole la puerta y acompañándolo el citado Guardia de puertas; al salir del retrete el preso dando un salto y un grito escapó perseguido por el Guardia sin que pudiera detenerle ni herirle con los disparos de pistola que le hizo, regresando al cuartel donde se halló con que

el guardia 1° Antonio Albarracín Baraza, luchaba con otro preso, consiguiendo reducirlo con un disparo que le produjo un sedal en la frente y fuerte conmoción cerebral. La esposa del Guardia 2° José Blanco Herrera, que se hallaba en el patio pelando patatas se dio cuenta de la fuga y de la de otro, y salió corriendo con la navaja en la mano y consiguió contener amenazándole a un tercero ya próximo a la puerta.

Al iniciarse la fuga se hallaba en el cuarto de puertas el Capitán de Infantería jefe del Sector D. Miguel Carretero Gascón, juntamente con el Guardia Albarracín, a quien había designado para el servicio de información del sector dedicados a la confección de ciertos documentos. Oyeron a algunas mujeres que gritaban y el guardia asomándose al ventanillo diose cuenta sin duda de la actitud de la esposa del guardia Blanco, y salió inmediatamente y entre ambos lograron llevar hasta el patio al detenido empujándolo el guardia y tirándole de los pelos la mujer, hasta que llegó el guardia y lo hirió. A los disparos acudieron algunos individuos de Falange, que habitan próximos y que contribuyeron a reducir a los otros presos que trataron de fugarse. Se me asegura al segundo que se fugó se le hizo un disparo a tan corta distancia que es casi seguro que haya resultado herido. Desgraciadamente el guardia 1° Antonio Albarracín Baraza resultó herido de pistola en el vientre, siendo conducido al Hospital Militar de esta Plaza en grave estado, sin que me haya sido posible dilucidar quien pudo herirle, pues en la confusión producida nadie se dio cuenta y dispararon los dos guardias y los de falange».

El coronel expresa desconcertado la preocupación por cómo un guardia abrió la puerta a un preso y luego no la cerró. De igual forma, señala que el capitán se ausentó de su puesto y permitió tener reos allí cuando deberían estar en la cárcel, dado que no estaba autorizado aprisionar detenidos en las inmediaciones de la casa-cuartel. Lamenta lo ocurrido con Antonio Albarracín y celebra la actitud valiente y decidida de la esposa de Blanco. Este supuesto accidente se cobró la vida de Antonio que fallecería al poco después en el mismo hospital al que fue trasladado.

Aquel año de 1941[30] traería otra amenaza para la familia, esta vez recayendo en la persona de Pepe Albarracín: 10.000 pesetas de multa y tres meses de cierre de establecimiento por ocultación.

La cantina que poseía, posiblemente heredada a la muerte de su padre en 1933, era a su vez un ultramarinos. En la abacería se vendía alimentación, calzado, perfumería, y demás elementos de primera necesidad que podían ser comprados por el vecindario y los viajantes. Allí acudían con las cartillas de racionamiento a retirar los productos y mantener así a la población muy escasamente abastecida. Al parecer, María Sánchez se encontró con una vecina que pasaba necesidad y ella, piadosamente, le ofreció sin precio a cambio una botella de aceite para que pudiera cocinar y alimentar a su familia. Cuando esta se dirigía a su casa, sola por el camino, coincidió con el alcalde que le preguntó por lo que llevaba y dónde lo había conseguido. En consecuencia, Pepe, como protector

30. En febrero, Andrés Cortés Tortajada fue fusilado en las tapias del cementerio de Granada. A eso, habría que sumar, además, la muerte, el 2 de octubre, de la hija menor de Leocadia, Mercedes Sánchez Hernández, a la edad de dieciocho años. Inscribió en el registro la defunción su cuñado, Pepe Albarracín.

y distribuidor de los bienes, fue multado, quedando a expensas de las represalias que pudieran recaer sobre él.

Las secuelas de la guerra no habían cicatrizado[31]. Aquella libreta de fiar que usaba, en confianza, para atender a la clientela de la estación y alrededores, digamos que a propios y a extraños, fue la causante de muchas tensiones y en varias ocasiones los nombres que allí figuraban lo señalaron para liquidarlo, cuando la anarquía florecía. Pepe en esos duros momentos tuvo que trasladarse a casa de sus familiares en don Diego (Villanueva de las Torres), hasta que la situación se calmara. En un momento dado, confuso y exhausto se alista en el frente y lo destacan en Murcia. Más tarde lo devuelven a Baza, donde le habían preparado una emboscada para apresarlo. Allí pasó el resto de la guerra, en la cárcel bastetana. Al término de esta, fue liberado. En la estación quedó la hermana de Pepe, María, casada con Julián, con quien tuvo dos hijos: María y Raimundo. Julián sufrió un fatal accidente con un carro que se volcó, provocándole la muerte. Era habitual la presencia de carros en la estación, pues estos eran llevados por bestias que movilizaban las grandes cargas que los jornaleros traían al almacén del Servicio Nacional del Trigo. Pepe, además de regentar la tienda y tomar el cargo

31. De este episodio, Teresa Albarracín Cano, hija de Diego y Teresa, recuerda cómo su padre intentó ahorrar dinero de la República, que tras la guerra no sirvió para nada. También de cómo su hermano mayor, Antonio, guardaba en el hueco de la chimenea el jamón y los chorizos que tenían cuando los milicianos llegaban con intención de llevarse víveres. Una noche que había nevado y el tren hubo de quedarse parado en la vía de la estación de Gorafe, tres hombres pidieron asilo en su casa. Teresa Cano oyó que no podían volver a sus casas porque si no serían fusilados. Y esta, garantizando el descanso de aquellos hombres, estuvo despierta y vigilando toda la noche.

de capataz que había ejercido su padre[32], tenía varios carros. Eran manejados por sus hijos Pepe, Modesto y Joaquín, hasta que llegaron los camiones, que ayudaban a hacer mucho menos costoso y más ventajoso el traslado.

Fotografía-retrato de Antonio Albarracín Belmonte
y María Baraza Caparrós

32. Primeramente, fue capataz de Cristóbal Peregrín Caparrós, hasta su muerte. Después lo fue con su hijo, heredero, Antonio Peregrín Zurano, quien continuó con la empresa.

Fotografía de la familia Albarracín-Sánchez[33]

33. En la foto se encuentra el matrimonio Albarracín-Sánchez junto a sus hijos: Antonio (1929), Modesto (1931), María (1933), Pepe (1936), Joaquín (1938) y Luis (1944).

El último de los hermanos, Diego, trabajaba en el esparto. Más tarde compró algunas tierras y ejerció de romanero para el cortijo La Barrilla, en el pago de Hernán Valle. Mientras vivía en la estación, la familia tenía una interna que ayudaba en las tareas del hogar, llamada Carmen la Resina. Posteriormente, se trasladaron a la localidad de Baza. Así, terminaba un primer capítulo de la familia Albarracín, inaugurada por sus padres, la primera generación de la estación de Gorafe. A esta le seguiría la segunda generación, que inculcó a una tercera el entusiasmo y la vitalidad por aquel lugar. De hecho, el primero en nacer allí sería Antonio Albarracín Cano (1926), siendo la partera la señora Eulogia, quien asistió a Teresa Cano durante el alumbramiento. Doña Eulogia[34] tuvo estrecha relación con los vecinos de la estación, siendo también matrona de María Sánchez en la llegada de sus hijos.

34. Recuerda Teresa Albarracín Cano que su madre iba al cortijo de Eulogia en Navidad para preparar los dulces, y que tal era la familiaridad con ella, que en la casa era conocida como la «tía Eulogia».

CAPÍTULO V

LA ABACERÍA

El camino hasta alcanzar la estación por la carretera principal era estrecho y sinuoso. Bordeaba los linderos de los campos de trigo y algunas hileras de almendros que se habían plantado. El tráfico de carretas era frecuente. Un cartero en bicicleta alcanzaba la cima a pie, extenuado. A lo lejos se percibía el gran silo recibiendo en primer lugar, frente a unas casillas de una planta, colocadas en línea contigua sobre el desnivel, otorgándoles la silueta de una muralla. En el almacén había mucho jaleo. Carros llenos de esparto procedentes de las dos comarcas se agrupaban para pesarlo y venderlo. También lo hacían con los sacos de grano amontonados para el Servicio Nacional del Trigo, que el general Franco había dispuesto en España algunos años atrás. Dentro del almacén estaba la noria donde se preparaban los quintales. Las bestias abatidas por el pedregoso pazo por el que habían de subir colina arriba, esperaban la orden de reanudar el camino. La báscula no paraba de funcionar. Fanegas enteras de una cosecha se iban depositando. El revuelo de tanto jornalero se extendía más allá de las inmediaciones. Matías, el jefe del almacén, no daba abasto. Era un lugar de encuentro entre tratantes. Después debían acercarse a los ultramarinos de

Pepe Albarracín a recibir los pagarés que el Banco Hispano-Central tenía depositados para entregar a cada uno. Allí se terminaban los tratos con un chato de vino y se sentaban a descansar en la cantina.

Junto al almacén, donde los carros eran aparcados y las acémilas pacientes aguardaban, había una manzana de casas de una sola planta para las familias de los jornaleros, propiedad de Peregrín. Por aquel entonces eran habitadas por la extensa familia de Salustiano, los hermanos Francisco y Juan José Lovico, los Quirante Tapias y Fandila Mena[35].

Fotografía de la casa-tienda de Pepe Albarracín[36]

35. Fandila Mena, hijo, tuvo un accidente con el tren cuando era niño. Uno de los juegos que hacía aquel grupo de amigos se basaba en esperar a que viniera el tren. Desde la culata y en movimiento, se subían en él. Al parecer, en uno de estos momentos, Fandila se resbaló y las ruedas del tren le cortaron la pierna.

36. En la fotografía aparecen sentados en el porche José Ibáñez Navarro, yerno de Pepe Albarracín, y dos de sus hijos: Estrella y Juan Carlos Ibáñez Albarracín.

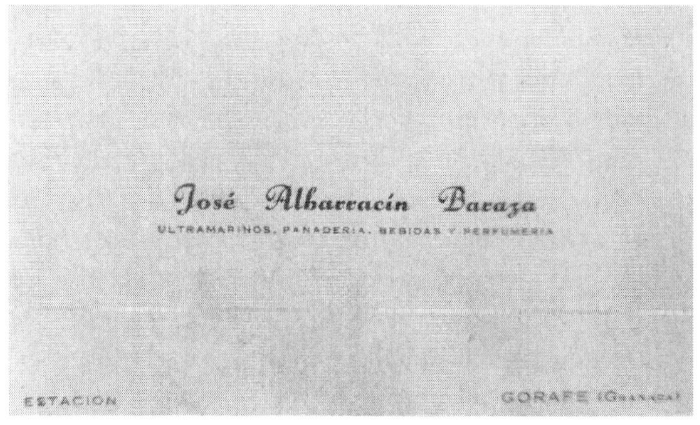

Tarjeta de visita de José Albarracín Baraza

Periódico de 1942 con la dirección postal de José Albarracín Baraza

Continuando la cuadra de casas, en la misma parcela y en la esquina, se encontraba una vivienda de doble planta muy modesta, que era el lugar utilizado para la escuela y hacía las veces de iglesia cuando el cura de Gor subía a dar misa o celebrar alguna festividad. En la parte de arriba solía vivir el maestro o maestra. A la izquierda, en paralelo a la calle se encontraba una casa amplia de dos plantas con balcones en la parte superior y una terraza que correspondía al capataz y a su familia. Pasando el porche techado había dos puertas: la de la izquierda correspondía a la tienda de Pepe Albarracín, en cuyas tarjetas de visita se anunciaba como ultramarino.

A efectos prácticos, era sucursal para los jornaleros, posada y cantina para los viajantes, tienda para los vecinos, zapatería, droguería y, sobre todo, un lugar de encuentro entre todos los que pasaban por allí. Estos hallaban el recreo de sus agotadores días al sentarse a conversar con Pepe y los parroquianos que allí se congregaban, animando el entorno con chistes, cantes y tertulias. Uno de los más animados juglares de aquellos lares era Manolo Ramírez, de quien se recuerda cantar la siguiente coplilla para alegría de la estación:

Para bebida en casa de Teresa,
para hospedaje en casa de Albarracín,
si algún viajero pregunta por un baile
en casa de la Mena lo hacen de balde[37].

Pasada la puerta había una sala con mostrador y una pared de estantes donde se colocaban las legumbres a granel, en tarros de cristal. Se vendía colorante de Valencia, quesos manchegos de Manzanares, alpargatas de Alhama de Murcia, jabones y lejía de Baza, cuadernos de caligrafía de Granada, lamparillas San Juan Bosco de Madrid, tintes Norit o Iberia, hoces y corvillos de Ciudad Real, productos de la matanza, zapatos y botones. Turrón, sombreros finos y capazos de

37. Con Teresa, refiere a Teresa Cano, mujer de Diego Albarracín, en cuya casa también había reuniones y bebida. La casa de Albarracín, como es sabido, hacía las veces de posada. Aunque entre todas ellas, la más concurrida era la de Fandila Mena y familia.

Alicante. Balanzas semi-automáticas de precisión de Murcia, salazones de Almería, libretas para los niños de la escuela y chocolates. El vino lo traían de Valdepeñas. En la trastienda se guardaba la mercancía. Pepe, cuando no barría, anotaba en su libreta de fiar hasta que llegaran los días de cosecha y, el que se acordaba, saldaba la deuda.

Los comerciantes llegaban hasta la tienda para enseñar sus productos, de todas partes del Levante. En aquel mostrador se agolpaban como un censo. Para el resto de abastos se acudía a Guadix, donde se compraba la harina en la fábrica de Juan Gómez Mateos, y el resto de alimentos en los almacenes de Bretón[38], y demás productos en La Confianza.

En la puerta derecha del porche estaba la casa. Ambas estaban comunicadas por dentro. Una salita con una ventana daba la bienvenida. A un lado se encontraba la tienda. Frente a un saloncillo, las escaleras comunicaban con la planta de arriba, hallándose al fondo las cocinas. Allí estaba María Sánchez, haciendo de comer para un regimiento. Un poco encorvada[39], era la primera que se levantaba en aquella casa para encender los fuegos y empezar a funcionar. A su servicio estaban la Tía Chica, Josefa, que ayudaba a limpiar aquella casa sin sosiego y tan llena de actividad; también

---

38. Eran unos almacenes de pequeñas dimensiones, pero contenían todos los productos presentes en el mercado. Se encontraban en la actual calle Tribuna de Guadix, estrecha vía entrada por la calle de Tena y Sicilia, junto a las bodegas Calatrava.

39. Habiendo sido fiesta de San Cayetano en Gor, bajaron desde la estación para celebrarlo. Ella iba sobre una yegua, y esta, asustada o sorprendida por algún estruendo, se desbocó, tirando a la jinete al suelo y procurándole daño en la espalda. Aunque no precisó de intervención médica, siempre le quedó la secuela del golpe.

su marido, Antonio, manijero[40] de Pepe Albarracín. Era conocido por llevar un gran reloj como despertador para saber las horas. Lola, mujer joven y viuda de Gorafe, estuvo atendiendo la limpieza de la casa hasta que se casó con Antonio Parrilla. Después de la guerra, había que levantarse antes aún para hacer el pan en el horno, tanto para ellos como para el vecindario. Venían desde la carretera de Picograjo entonces las familias a por el pan con su cartilla de racionamiento. Se les cambiaba el cupón por una hogaza. Las colas eran infinitas, como lo era el hambre. Pero para entonces ya acudía El Tello o Moisés[41] desde el pueblo. De la cocina se propagaba un olor intenso y delicioso a migas que inundaba la casa. Esta comida servía tanto para los propios miembros de la familia que vivían allí, como para el personal de servicio y los viajantes o jornaleros que querían almorzar.

En la parte de arriba de la casa, había una sala que se bifurcaba entre el resto de dependencias y dormitorios. En aquella salita solía estar la máquina de coser y Julia, otra joven interna de servicio, dedicada a coser y bordar ropa de hogar o vestidos y camisas. Justo al subir las escaleras se encontraba una pequeña habitación donde se hallaban las baterías de la luz. En toda la Estación de Gorafe no había ni agua potable, ni luz ni teléfono[42]. Solamente había algo de luz en la casa del capataz por la instalación de una molineta que permitía

40. Capataz o mayoral de una cuadrilla.

41. Cuando se empezaron a popularizar los vehículos motorizados, los panaderos de Gor prestaban servicio a los anejos, entre ellos El Cejo y la estación de Gorafe.

42. El único que contaba con teléfono interno era el personal de RENFE y concretamente el jefe estación, para comunicarse entre estaciones y puestos de guardabarreras.

evitar los petromanes del momento. Había que ir a Guadix a por los recambios de las baterías cuando se gastaban.

Aquella casa experimentó diversas actualizaciones arquitectónicas. En un principio el núcleo central fueron las cuadras que daban a la loma. Posteriormente se construyó la tienda y la planta alta con balcones. El porche estaba cubierto con una techumbre de uralita. Finalmente, se repuso este tejadillo por una terraza de obra y el saliente de los balconcillos se retrasó hasta la propia fachada.

El cartero Rosendo ya había llegado a la estación, esperando el tren expreso que traía el correo de Granada. Allí mismo, en el recibidor, pregonaba el nombre de los destinatarios y la gente, agolpada, iba cogiendo su correspondencia. Pepe Albarracín era el que más cartas acumulaba entre facturas, noticias de familiares, además de recibir el periódico *Ideal* cada día. La correspondencia no entregada a los vecinos, se dejaba en su tienda para que se pasasen en otro momento a por ella. Hasta las 11 de la mañana que venía el tren, no existía información nacional o provincial posible de la que tener constancia. Cuando llegaba el periódico, empezaba la tertulia, comentando las noticias en la cantina los que sabían leer con los que no. Cuando Juan Morales enviudó, formó parte como cliente habitual de aquel lugar.

En uno de los laterales de la casa se encontraban las cuadras, las zahurdas y los corrales. Pepe Albarracín conservaba dos carros para ocho o nueve bestias cada uno, que aparcaba allí mismo. María Sánchez tenía también conejeras fuera de la casa para abastecimiento propio.

Además, algún tiempo después, el servicio de hidrología de la Comisaría de Aguas del Guadalquivir había solicitado a Pepe poner allí mismo una estación meteorológica, cuyo cuadernillo rellenaba él, o bien su hijo Joaquín, para informar periódicamente sobre la situación de lluvias en la zona. De esta manera un solo lugar se convertía en una auténtica institución dado el amplio y diverso abanico de tareas que había que realizar para la comunidad.

Fotografía anterior a 1950, en el porche de la casa del capataz-cantina de José Albarracín Baraza[43].

43. Retrato con los jornaleros y trabajadores de la estación de Gorafe, posiblemente en el día de San José. Entre los presentes se encuentran en pie de izquierda a derecha: 1º Antonio Sánchez (cuñado de Pepe Alb.) 2º Modesto Albarracín (hijo de Pepe Alb.), 4º Diego Albarracín, 6º Pepe Albarracín, 8ºAntonio Albarracín (hijo de Diego Alb.). En la segunda fila destacan: 2º arriba José Ibáñez Navarro (yerno de Pepe Alb.), 2º abajo Manuel Pérez (guardagujas), y debajo de este, Pepe Albarracín hijo (hijo de Pepe Alb.) El resto se desconocen.

Fotografías tomadas en 1950 en la estación de Gorafe[44]

44. La 1º: Fue tomada en el porche de la casa-cantina del capataz. Han sido reconocidos, en pie de izquierda a derecha: 2º D. Paco (jefe estación), Modesto Albarracín (hijo de Pepe Alb.), Antonio Andújar (marido de Amalia Albarracín, guardia civil). Sentados: Juan Ramírez y Manolo Ramírez. Posiblemente la niña que hay justo al lado sea Esmeralda Ramírez (hija de Juan y Rufina). Entre el

Fotografía tomada en la década de 1950[45].

resto de niños sentados, el segundo se trata de Joaquín Albarracín (hijo de Pepe Alb.)

La 2ª: Fue tomada ante el muelle con los quintales de esparto y al fondo la estación de ferrocarriles. De izquierda a derecha: el de la bicicleta es Juan Ramírez, le sigue Manuel Pérez (guardagujas), de cuclillas Modesto Albarracín, Antonio Andújar, D. Paco (jefe estación) y Pepe Pérez (hijo de Manuel Pérez, guardagujas).

45. En ella aparece José Albarracín Baraza en la puerta de su tienda-cantina sujetando la cortina que en los meses de verano se colocaba para así evitar el trasiego de moscas. Al fondo se percibe muy discretamente el mostrador y el relucir de los tarros de cristal provistos con legumbres. En la imagen lo acompaña un vecino de la Estación.

CAPÍTULO VI

LOS VECINOS DE LA ESTACIÓN

El trabajo permanente que se generaba en La Estación obligaba a los trabajadores y sus familias a vivir allí. Hemos visto por el censo de 1932 que eran ocho hombres y doce mujeres los que constaban en el padrón de Gor referente al más joven de los anejos:

Albarracín Baraza, Diego (37). Jornalero.
Albarracín Baraza, José (32). Industrial.
Albarracín Belmonte, Antonio (69). Empleado.
Ávila Molina, Bárbara (26).
Baraza Caparrós, María (65)[46]
Cano Yeste, Teresa (27).
Cortés Tortajada, Andrés (32). Jefe Estación.
Delgado Ronquillo, Piedad (27).
Fernández Jiménez, Amparo (28).
Gallardo, María (25).

46. Una curiosidad documentada sobre María Baraza Caparrós es que en el presente censo de 1932 se indicaba que tenía 65 años de edad. Al año siguiente, con la muerte de su esposo, en 1933, se le registró la viudedad con 62 años de edad. Y por último, en 1934, falleció a los «59 años».

García Rodríguez, Encarnación (50).
Gutiérrez Portillo, Juan (32). Empleado ff.cc.
Jiménez García, Concepción (28).
Navarrete Palomo, Carmela (23).
Pérez Gómez, Salustiano (36). Obrero.
Quirante Tapias, Eloy (27). Industrial.
Quirante Tapias, Fco (37). Industrial.
Ruiz García, Emilia (34).
Sánchez Hernández, María (25).

De esta lista destaca la familia de Antonio Albarracín Belmonte: su mujer María Baraza Caparrós y sus hijos Diego (casado con Teresa Cano) y José (casado con María Sánchez) [47]; la formada por Andrés Cortés Tortajada y Amparo Fernández Jiménez; la de Salustiano[48], compuesta por su mujer y siete hijos; los Quirante Tapias, tanto la familia de Eloy como de Paquito vivían en la casa que luego se utilizó como escuela.

Hasta entonces, los maestros impartían sus clases en las casas según fuesen contratados.

Para cuando terminó la guerra, contamos con dos documentos que podrían reconstruir el vecindario de La Estación. En primer lugar, gracias a la memoria de Antonio Albarracín Sánchez[49] y, en segundo lugar, a la libreta de fiar de la tien-

47. No se reflejan el resto de hijos: María y Antonio. María posiblemente al ser mujer soltera aún no constara en el censo; al igual que Antonio que era guardia civil en otra población, y por tanto no constaba como residente en la Estación de Gorafe.

48. Sus hijos eran: Isabel, Mª Carmen, Primitiva, Concha, Lola, Josefa, Joaquín, y Salustiano.

49. Nació en 1929 y recuerda los habitantes y vecinos que hubo durante su juventud, a pesar de que estuvo largas temporadas vi-

da de ultramarinos que recoge los apuntes de compra de los clientes que pasaban por allí desde 1940 a 1942.

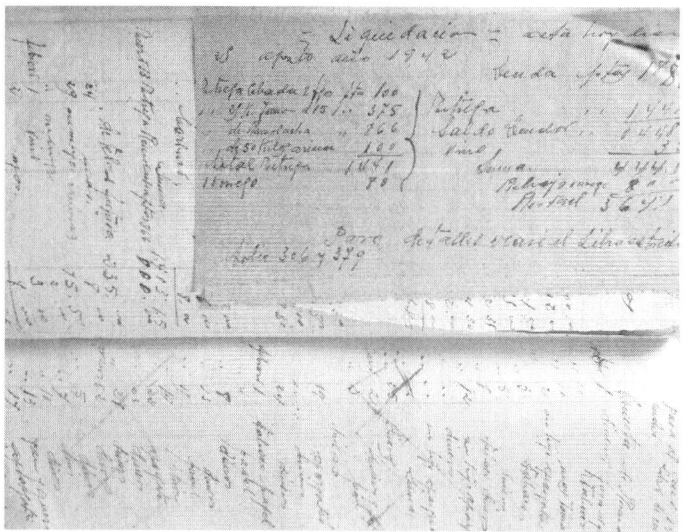

Hoja de la libreta de fiar correspondiente al año 1942
de Pepe Albarracín

Habremos de incluir por tanto a Choriles (su mujer e hijo), a Juan Morales; también Fandila Mena Jiménez y familia, Adela (y sus dos hijos) y Ramírez padre (su mujer y siete hijos). Un hijo de Ramírez, Juan, se casaría con la maestra Rufina, oriunda de Gorafe, y más tarde se trasladarían a la localidad de Baúl. Tras el accidente de Antonio Albarracín Baraza, el guardia civil, su casa pasó a ser alquilada por Manuel Pérez, guardagujas y su familia. Tras él, María la Trenera; y posteriormente Roque.

---

viendo en Granada en la residencia de las Escuelas del Ave María en la Cuesta del Chapiz.

En la casa del jefe estación, después de Andrés, vinieron algunos más, entre ellos se recuerda a don Paco o a don Julián, que habitó en la estación junto a su mujer Isabel. Los descansos se los hacía Manuel Rincón, que aparte de compañero era consuegro, por el matrimonio de su hija con el hijo de Rincón.

Otro de los censos al que se ha podido acceder ha sido el referente al año 1945. En este se indicaban las cabezas de familia o representantes de cada una de ellas, por lo que no existe un número exacto de habitantes. En este censo, al igual que en el del año 1932, también se cita la edad, el estado civil, el oficio y el grado de alfabetización (si sabían leer/escribir):

Aguilera Jiménez, Miguel (70) campo
Albarracín Baraza, Diego (50) campo
Albarracín Baraza, José (43) comerciante
Albarracín Baraza, María (43) jefe de Estación[50]
Alonso Cuevas, Juan (36) campo
Andújar García, Juan A. (00) p. caminero
Burgos Martínez, Francisco (65) campo
Egea González, Luis (51) campo
García González, Francisco (61) campo
García Martínez, José (37) campo
García Rodríguez, Encarnación (69) sus labores
López Ayala, Francisco (56) ferroviario

50. María Albarracín enviudó de Julián Moya y por ello figura como cabeza de familia, además hubo un error en la asignación del oficio. Normalmente a las mujeres se les atribuía «s.l.» o «sus labores», pero por despiste se la puso como jefa de estación, un puesto destacado para hombres dentro del sistema ferroviario. También citar el baile de cifras con la edad aquí presentes, pues Diego nació aproximadamente en 1900, José en 1902 (que sí coincidiría con la realidad) y María no nació en el mismo año que su hermano.

Manzano López, Antonio (25) campo
Martínez Hernández, Manuel (33) campo
Mena Jiménez, Fandila (50) campo
Morales Valverde, Juan (49) campo
Parra Ruiz, Julia (44) sus labores
Pérez García, Manuel (42) campo[51]
Pérez Gómez, Salustiano (50) industrial
Resina Burgos, Isabel (76) sus labores

A mediados de siglo, también se encontraba Francisco, de obras y servicios, con su mujer Isabel y sus hijas Rosa, Cati e Isabel. Además, vivía el guardabarrera Miguel Botas y su mujer María la Nevá; Antonio Luna y Piedad García Gámez moraban en unas casillas apartadas en el Cejo. Ambos trabajaron para RENFE. Ella estuvo en el puesto del puente chico de Gor como guardabarrera y él de obras y servicios era capataz de cuadrilla de aquel tramo de la vía, para que no hubiera ningún problema, dando aviso de los posibles corrimientos de tierras.

Aquella fue la edad dorada de La Estación de Gorafe. El bullicio de la gente se podía palpar. Las familias, tan numerosas, llenaban de juventud el páramo, creciendo el número de habitantes exponencialmente durante las siguientes décadas. A este núcleo poblacional habría que sumarle los cortijos de alrededor como Picograjo, Guzmán, Cuatro Vientos, de Apolo o Colorao, que frecuentaban la estación en su día a día.

En una ristra de censos entre 1962, 1969, 1974, o lo que queda de ellos, se percibe que La Estación de Gorafe incluía en su distrito la Estación, «Cantina», Cortijo Gallo, Cejo de

51. Manuel Pérez, quien aparece en algunas fotografías recogidas, después trabajó como guardagujas en la estación de Gorafe. De este censo destacar también a Salustiano, Juan Morales y Fandila Mena.

La Estación de Gorafe, Angosturas, Cortijo Pulgas, Casilla, Peones Camineros y Cuatro Vientos. En estos documentos se incluye la dirección de la vivienda que ocupaban, lo cual nos ayuda también a confirmar el vecindario y su distribución en el espacio urbano. Para entonces allí quedaban:

Albarracín Baraza, José (68) E. Gorafe 4 -Industrial
Albarracín Baraza, María (70) E. Gorafe 3
Albarracín Sánchez, Joaquín (31) E. Gorafe 4 -Chófer
Albarracín Sánchez, José (33) E. Gorafe 4 -Chófer
Albarracín Sánchez, Luís (25) E. Gorafe 4 -Estudiante
Burgos Galera, Antonia (27) E. Gorafe 20
Burgos Galera, María Luisa (31) E. Gorafe 15
Magdaleno Lozano, Encarnación (33) E. Gorafe 3
Morales Valverde, Juan (74) E. Gorafe 14 -Pensionista
Moya Albarracín, Raimundo (33) E. Gorafe 3 -Industrial
Parra Parra, Isabel (47) E. Gorafe 13
Sánchez Carmona, Inocencia (25) E. Gorafe -Maestra nacional
Sánchez Sánchez, Francisco (51) E. Gorafe 13 -Ferroviario[52]

A partir de entonces, las cifras de habitantes fueron disminuyendo hasta el punto de no quedar nadie. A Pepe Albarracín lo decretaron alcalde pedáneo, aunque el puesto se convirtió en vitalicio, pues no hubo quien le hiciera el relevo. La autoridad, sin Peregrín, trenes ni vecinos, fue tomada por los ruiseñores. El alba amanecía sin alma que la recibiera.

52. Aquí encontramos a Francisco de vías y obras, y a su mujer Isabel, vecinos de Juan Morales. Descubrimos que la casa de Pepe Albarracín ocupaba el número 4, y la de su hermana María (donde vivía entonces también su hijo Raimundo, junto a su mujer Encarna e hijos) el número 3.

Fotografía de grupo de amigos y vecinos de La Estación de Gorafe, principios de la década de 1950, en el almacén[53].

53. Fotografía cedida por la familia de Teresa Albarracín Cano.

CAPÍTULO VII

BALASTO

Desde la construcción del tramo en 1906 y la creación de la estación en 1907, hasta el cierre de la línea en 1985, han sido muchos los avatares que ha tenido que experimentar la línea Guadix-Baza, concretamente en las inmediaciones de las estaciones de Gor-Gorafe-Baúl. El principal problema siempre fue la inestabilidad del terreno y el desnivel que caracterizaba al arroyo de Gor. El fracaso en la instalación de aquel puente original por la falta de cimentación adecuada de los pilares y los consiguientes movimientos del terreno por la afluencia del cauce obligaron a desmontarlo y a abandonar la vía:

> «(...) que desde el día 30 de mayo de 1913 en que la Compañía concesionaria del ferrocarril de Baza a Guadix comunicó a esta jefatura haber normalizado el servicio por la variante del Gor, no se utiliza por dicha compañía el viaducto del mismo nombre, y el cual fue abandonado por los desplazamientos que sufrió por consecuencia del reblancedimiento del terreno en donde se encuentra emplazado. Y para que conste y a petición de la The Granada Railway Limited,

concesionaria de dicho ferrocarril, expido la presente en Málaga a 20 de marzo de 1921[54]».

Fotografía de la creación de la vía de Baúl[55]

54. Archivo Histórico Ferroviario.

55. Archivo Regional de Murcia. Fotografía de Gustave Gillman. 1897.

Sustituyendo este paso por un desvío del trazado hacia el conocido como Puente Chico: más firme y seguro para cruzar el río. Allí se colocó entonces una caseta de guardabarreras para controlar el paso de acceso al pueblo. En 1933, el Ayuntamiento de Gor propondrá al Gobierno Civil un camino que llegaría directamente desde el pueblo hasta la estación de Gorafe, pasando por el Cejo. A este problema se unirá el de los pastores, que habían tomado aquellas tierras para el pasto desde tiempos inmemoriales y ahora veían sus intereses frustrados por las imposiciones de la compañía ferroviaria que parecía intransigente a las peticiones de algunos vecinos ganaderos:

> «Excmo Sr Gobernador Civil Granada. Los abajo firmantes vecinos de Gor, con domicilio en el anejo (ilegible) de dicho término, agricultores humildes y obreros de campo en su totalidad, ante la superior autoridad de V.E. comparece y con todo respeto exponen: que, al construirse la vía férrea de Guadix a Baza en el año de 1905, fueron suprimidos abusivamente muchos paños inutilizando los caminos vecinales y servidumbres que existían. En aquella época, de nada sirvieron las quejas y reclamaciones que se formularon y por lo tanto nos quedamos sin los varios caminos suprimidos de la forma abusiva expuestas. Entre estos existe uno de los llamados "de los romeros" que, a pesar de todo, se ha seguido utilizando con el consentimiento tácito de la Compañía del ferrocarril expresando, que consentía se atravesara la vía por donde debió construirse un paso a nivel en el hectómetro 3, del kilómetro 25. Pero es el caso que ahora, por la Compañía que explota dicha línea, se impide atravesar la vía por expresado sitio, habiéndose colocado para

> impedirlo unos carriles. Y originándonos muchos perjuicios tal actitud, porque de no permitírsenos pasar, como siempre, tendríamos que recorrer bastantes kilómetros, hemos creído oportuno recurrir por mediación de su autoridad a la Cuarta División de Ferrocarriles, que radica en Málaga, para que haciéndose intérprete de nuestra necesidad, interese si así correspondiera, la revisión de este asunto, porque, de proceder, se nos conceda el paso por la vía por el sitio expresado por ser así de justicia y necesidad para todos los firmantes[56]».

No es oro todo lo que reluce. La pérdida de caminos reales por la trashumancia era un mal menor a la perenne dificultad que presentaba el arroyo de Gor. Pareciera estar vivo y en continuo movimiento, provocando serios peligros en la vía. Esto lo supieron bien los oficiales de vías y obras como Antonio Luna, cuyas minutas diarias ponían de manifiesto el esfuerzo olímpico que se hacía para mantener a la naturaleza dormida.

En 1941 se planteó hacer un desagüe que pudiera aminorar las humedades constantes de la zona, y así desactivar, o al menos reducir, los corrimientos que hacían tan alarmante el paso de la vía.

> «Dado el movimiento del terreno movedizo de que se compone la zona afectante en el punto indicado se han ocasionado repetidas destrucciones de este caño y más acentuadas con motivo de las pasadas recientes épocas pluviales, ocasionando a la vez su grietamiento múltiple en el terraplén que he hecho necesaria la construcción

56. Archivo Histórico Ferroviario: Juan Gómez, Manuel Mellado y cuarenta y nueve firmantes más. 12 de junio de 1931.

de muros de contención para obtener alguna estabilidad, cuyo proyecto por separado, ha sido objeto de estudio y trámite ante la Superioridad.

La anormal conducción interior de las aguas a consecuencia del mal estado del caño produce a la vez en aquel terreno movedizo, graves perjuicios al terraplén de la vía con peligro de la circulación y al propio tiempo ocasiona protestas y amenazas de pleitos por parte de los regantes que no obtienen, por la obstrucción alcanzada, el suficiente caudal de paso de agua. Por todo ello nos vemos obligados a solicitar de la Superioridad la aprobación urgente al presente proyecto de reconstrucción del caño de referencia en evitación de perjuicios mayores y del peligro de la circulación.

Guadix 10 de julio de 1941[57]».

A los pastores se sumaban los agricultores, que veían entorpecido el regadío en sus fincas. Estos, ajenos a la burocracia, terminaban por tomar las medidas más favorables para ellos, sin atender a las consecuencias del mantenimiento de la vía. Naturalmente, durante los primeros años de la posguerra la prioridad era conseguir fuentes de alimento, por tanto, los jornaleros y peones eran menos aprehensivos con las dificultades que afrontaba el destino de la línea:

«Adjunto remito a V.I. escrito presentado por la Dirección General de Obras Hidráulicas de fecha 28 de julio, referente a las plantaciones existentes en el lecho del río Gor, que motivan la desviación de la corriente y ataque al

57. Archivo Histórico Ferroviario.

terraplén de acceso al puente metálico en la línea de Baza a Guadix, para que, oída la RENFE se sirva informar lo que estime procedente, respectos a los diversos puntos citados en el escrito de referencia.

Lo que traslado a V.S. para que se sirva informar lo que mejor proceda, adjuntándole copia del escrito citado.

(...) Esta dirección general ha de manifestar a V.I. que por el servicio se han tomado las medidas oportunas encaminadas a que el Ayuntamiento de Gor prohíba toda clase de nuevos cultivos y plantaciones en el cauce. También se ha dispuesto, que por la confederación Hidrográfica del Guadalquivir se efectúe la redacción del proyecto de defensa y encauzamiento del río Gor en el lugar indicado. A este proyecto acompañaré un estudio económico administrativo que permita fijar la aportación de la RENFE al costo de la obra[58]».

Por todo ello, una de las medidas tomadas para atravesar el puente fue disminuir la velocidad en el cruce, para evitar mayores vibraciones. En cambio, algunos maquinistas hacían caso omiso bien por desconocimiento, bien por imprudencia, implicando mayor carga de trabajo para los operarios de vías y obras:

«He observado que no siempre respetan los maquinistas la precaución ordenada por vía y obras y marcada con discos fijos en el km 32 de la línea Baza-Guadix y como persiste el motivo de aquella que son los grandes

58. AHF2. 27 de septiembre de 1950. Problemas con aguas en la vía y cultivos.

corrimientos del terreno que arrastran la vía haciendo peligrosa la circulación de trenes, creo se debe recomendar a la RENFE se ordene a los maquinistas que hacen el trayecto Baza- Guadix, la escrupulosa observancia de la referida precaución[59]».

Más allá de todos los factores citados, queda uno que era determinante para cerrar la vía por completo: las inclemencias meteorológicas. Las fuertes lluvias o nevadas ocasionales obligaban a intervenir sobre la vía, quedando inoperativa y el servicio de viajeros o mercancías paralizado.

«Informando su oficio del 16 del actual, en el que me traslada otro de la RENFE de 17/9 referente al corte de vía producido el día 23 de julio ppdo.(sic) en el puente del km 32/400 de la línea de Baza a Guadix, he de manifestarle lo siguiente:

1º Que en efecto el tren 6814 que circulaba con 10 minutos de retraso, fue detenido por el agente de la Brigada 25 de vía y obras Juan Mateo Torrente en el km 34/150, retrocediendo a la estación de Gor, por encontrarse la vía cortada, en el citado km 32/400 a consecuencia de una gran crecida en el río Gor, que arrastró parte del terraplén de acceso al puente en una longitud de 25 mts y con una profundidad de 8, dejando al descubierto toda la caja de la vía hasta el carril inferior.

2º Que a pesar de llegar el tren de trabajo a las 20 horas no se pudo comenzar el mismo hasta las 6 horas del

59. AHF. 20 junio 1942. Aviso de incumplimiento de la velocidad por maquinistas.

24 en que comenzó a decrecer el nivel de las aguas. Los trabajos duraron desde este instante durante día y noche hasta las 12,40 del día 25, en que se dio paso con precaución, ascendiendo estos jornales a 2.173, 50 ptas.

3º No ocurrieron desgracias personales, habiéndose efectuado por carretera con autocares del Despacho Central de Baza y Guadix el trasbordo de viajeros, equipajes y correspondencia de los trenes 885-886 Correo Alicante- Granada y 855-856 Automotor Valencia-Granada durante los días de corte.

4º También debo informar que en este mismo Puente y por otra crecida del río Gor hubo otro corte de vía el día 19 de noviembre de 1951, deteniendo su marcha el tren 886 de aquel día que retrocedió a Guadix, durante dicho corte hasta las 9 horas del día 21 en que se dio paso con precaución. La repetición de los cortes parece indicar que no son suficientes las defensas de los terraplenes o el desagüe del puente[60]».

Por tanto, se evidenciaba uno de los graves problemas de sostenibilidad, financiación y mantenimiento que sufría la línea al estar expuesta continuamente a los desniveles y arrastres del terreno.

60. Archivo Histórico Ferroviario: División Inspectora de la Red Nacional de los Ferrocarriles de España. Servicio de Vía y Obras y Eléctrico. Conforme a 3 – XI – 52. Linares, 28 de octubre de 1952.

Fotografía de Antonio Luna (primero por la derecha) junto al resto de peones de su cuadrilla de vías y obras, encargados del mantenimiento del tramo de la línea Guadix-Baza, entre las estaciones de Baúl y Gor[61].

61. Fotografía cedida por Nieves Luna.

CAPÍTULO VIII

VIAJEROS AL TREN

Fotografía de locomotora tomada en las inmediaciones de la estación de Gorafe, en 1966[62]

El tren, en su constante tránsito, tenía dos misiones muy claras: por una parte, era el encargado de acercar y llevar la

62. Fotografía realizada por Lawrence G. Marshall. Locomotora 140-2027 (Andaluces 4103), con el Correo Granada-Alicante en las proximidades de Gorafe, el 21 de marzo de 1966.

realidad (es decir, el correo, el comercio y el periódico) y, por otra, era el medio de transporte para aquella aldehuela que se unía cómodamente a las capitales de comarca de Guadix y Baza. Habitantes de aquellas cortijadas que hasta entonces tenían que hacer la travesía en diligencia o carreta, ahora solo debían acercarse a la estación más próxima, o bien Gor, o bien Gorafe, y esperar en el andén a que llegase el tren.

Este avance asestó un claro golpe al aislamiento al que estaban sometidas familias enteras que necesitaban de gran inversión económica y temporal para trasladarse hasta otra localidad. Era el caso de María Sánchez, que periódicamente tomaba el tren, al menos dos veces en semana. Esto se debía a que, en aquel tiempo, los vecinos que no tenían dinero para pagar en la tienda lo hacían por el método del trueque, a cambio de huevos. María, iba con sus cestas de huevos al mercado del miércoles en Baza y el sábado al de Guadix a venderlos y conseguir la liquidez económica con la que seguir pagando facturas y deudas. El tren se convirtió en el transporte favorito de muchas personas, sobre todo mujeres, que lo consideraban un medio fácil y rápido para poder hacer alguna visita o comprar en almacenes de tejidos o droguería. Aun cuando se acudía a diario a la tienda de Pepe Albarracín, para la confección de vestidos, trajes o ajuares era preciso adquirirlos en tiendas de telas especializadas en las capitales de comarca. Tal era la relación con el ferrocarril que, en una ocasión, Mariana, madre de Aurelia —enfermera y partera— dio incluso a luz mientras viajaba[63], conociéndose popularmente a su hija María como La Trenera.

A raíz de la unificación de las compañías en RENFE, las transacciones mercantiles fueron más llevaderas y se

63. Llegando a la estación de Gor, según cuenta su nieta Mari, le dejaron para tal ocasión un vagón para que pudiera dar a luz.

simplificó la burocracia. Anteriormente, para hacer una tasa de un transporte había que aplicar la tasa de Baza-Guadix, la tasa Región Oriental, la tasa Andalucía, etcétera. Todo aquello terminó con la red estatal.

En el edificio de la estación de ferrocarriles de Gorafe había jefe de estación, factor de circulación, dos mozos de agujas (uno de día y otro de noche). Al tener allí mismo el negocio Peregrín[64] y estar presente el Servicio Nacional del Trigo, se facturaban muchos vagones de grano. Todos los labradores de pueblos vecinos iban a la estación a dejar los sacos. Hacían un *negociable* que canjearían al cobro en el Banco de España. En la estación había dos vías: la general y la secundaria. Además de un *culatón* con una entrada para dejar los vagones en el muelle[65].

En cuanto a la circulación ferroviaria se destaca lo siguiente: el primero de los trenes era el Correo, un expreso a vapor que circulaba de Granada a Alicante. Sus vagones eran de madera. Los había de primera, segunda y tercera clase. Cada vagón tenía un balconcillo o estribo por el que el interventor saltaba al siguiente para picar el billete, con el riesgo que podía suponer desplazarse de esta manera con la máquina en funcionamiento. Más tarde, incluyeron una chapa interconectada para rebajar la peligrosidad. Posteriormente se le sumó el TER, que hacía un par de viajes al día. Sustituyendo al correo, incluyeron El Catalán que hacía la línea Granada-Barcelona.

64. A la muerte de Cristóbal Peregrín Caparrós, su hijo Antonio Peregrín Zurano fue quien heredó la empresa y siguió con ella, teniendo sede en Almería.

65. La mayoría de vagones de trigo iban a la fábrica de harina de Gómez Mateos, en las inmediaciones de la estación de ferrocarriles de Guadix.

Existía otro tren, de mercancías, que pasaba de madrugada. El 6818. Salía de Granada a las 3 de la mañana con hortalizas y pescado, e iba a Linares. El trenillo o el tren de los borrachos, el 6814, viajaba de Guadix a Baza los miércoles, para la celebración del mercado en esa localidad. Llevaba mercancías y un vagón de viajeros. Era de madera y la gente acudía con sus borregos, gallinas, huevos para la venta, y por la noche volvía a Guadix.

Entre aquel personal ferroviario, he de resaltar a Nazario. La figura de Nazario es digna de destacar por la relevancia que tuvieron los tiempos sobre su profesión. En la fotografía aparece como peón carbonero: la persona encargada de administrar el carbón a los fogones de la locomotora para que esta pudiera funcionar. Por aquel entonces, ya frecuentaba la estación de Gorafe y conocía a Pepe Albarracín. De tal manera, entablaron amistad y negocios: Nazario le proporcionaba una pequeña cantidad de carbón de la máquina a cambio de «un tomate y un arenque». Posiblemente, en la escasez de los años del racionamiento, fuera un precio más que justo. Más tarde, llegaron las máquinas de diesel y se hicieron preparatorias y exámenes dentro del personal ferroviario para conseguir plaza como nuevos maquinistas[66]. Nazario la consiguió, pasando página a uno de los capítulos de la historia del tren en España.

Una vez en esta situación, Nazario tenía nuevos encargos propios de los tiempos que estaban viniendo, uno de ellos era trabajar en la estación de la Calahorra para la filmografía del Spaghuetti Western, y conducir el Economato[67], tal y como afirmaba:

66. Cinco de su promoción (17ª) y una de la anterior, Marín, de la 16ª, fueron a hacer el cursillo. Lo aprobaron en Granada, y como había plaza por Guadix se vinieron a esta zona (según entrevista con Nazario).

67. El Economato era un tren tienda-mercancía que iba por las estaciones y el personal de RENFE podía adquirir a bajo coste productos de primera necesidad. Alimentos, principalmente.

«Llevaba un vagón tienda, uno para nosotros y otros para almacén. Para los sacos de patatas, vagones enteros. Entonces, en el Economato estaba restringida la compra. Según los hijos que tuvieras te correspondía cierta cantidad. Luego me pasé a la mina, porque costaba más barato que en la RENFE y había de más calidad. Ese tren se abastecía en Málaga, y yo lo cogía en Moreda, y de allí lo traía para hacer la línea Guadix-Baza repartiendo.

En principio era para ferroviarios, pero dejábamos a las gentes de las cortijadas un margen de compra, ya que no tenían acceso a tiendas. Íbamos una vez al mes[68]».

Fotografía del personal maquinista y carbonero de la locomotora que prestaba servicio línea Guadix-Baza. Presente en ella, Nazario (cuarto por la izquierda)[69].

68. Declaraciones del propio Nazario.

69. Fotografía cedida por Lola Encinas, hija de Nazario.

El tren ofreció oportunidades, fue un camino vivo por donde transitar para acercar a personas, hacer negocios, abrir nuevos mercados. Fueron los primeros pasos a la globalización: el posibilitar a todas aquellas islas de cortijadas y ventas en medio del camino una vía directa que los conectase entre ellos, que vertebrase poblaciones vecinas con otras más remotas. Todo eran ventajas hasta que sucede el accidente del Alambique.

El Alambique era un puesto de guardabarrera entre la estación de Gorafe y la estación de Baúl, más próxima a la primera que a la segunda.

En la mañana del 19 de junio de 1963 tanto el *ABC* como *Ideal* daban la funesta noticia: «Perecen en un paso a nivel próximo a Guadix los seis ocupantes de un turismo».

La tarde anterior, Aurelia, la enfermera, había sido llamada a la casilla de los peones camineros para inyectar antiinflamatorio al hijo pequeño de un matrimonio que tenía síntomas de alergia. Después de aquella visita el niño sintió mejoría y Aurelia volvió a su casa en el Cejo. Al parecer, por la noche, el niño volvió a empeorar y los padres decidieron parar en el camino algún coche en la carretera que los llevara hasta el hospital de Baza. Así hicieron. Cruzando el paso del Alambique un tren nocturno los sorprendió, arrollándolos sin dejar ocupantes vivos. En el coche se encontraban los tres hombres que venían de Granada hacia Baza, el matrimonio Francisco García y María Dolores Ordóñez, y su hijo Rafael. Hubo una séptima persona que murió en aquel instante, y es que ella estaba embarazada.

En el puesto estaba haciendo la guardia Manuel Botas. Varios fueron los elementos que condujeron a la fatalidad. Aquel día estaban inoperativos los interfonos que avisaban a cada puesto de los trenes que pasaban. Aunque habituados a que siempre fueran los mismos, cada guardabarreras sabía la hora a la que los trenes podrían llegar o retrasarse. Sin embargo, aquella noche circuló un tren nuevo que nadie esperaba, y Manuel, sin comunicación en plena espesura de la noche, no pudo advertirlo ni dar aviso a la escasa circulación que pudiera pasar a aquellas horas de la madrugada. La coincidencia fue funesta. La conmoción fue masiva, y el episodio manchó con la pena de los vecinos y los familiares el trasiego impávido del tren.

Una década después, en 1977, cuando aquella línea empezó a desfragmentarse y los guardabarreras fueron relevados por señales automáticas, otro accidente mortal tuvo lugar en la zona, en la que falleció un pastor y parte de su rebaño, atropellado por el impasible paso del tren.

Este siguió yendo y viniendo, no sin crear una imagen trágica del dolor que podría causar ponerse en su camino. Entre aquellos trenes ya citados dejamos reflejo de la locomotora diésel y los vagones populares de tercera clase que tanto frecuentaron los paisanos de la estación y el Cejo.

Fotografías tomadas a mediados de siglo XX
en la vía a la estación de Gorafe[70]

70. AHF: Primera imagen: Coche de viajeros de 3ª clase C v 4366 de la serie C 4351 a 4377 de RENFE, ex ferrocarril de Lorca a Baza y Águilas serie C1- 27, dotado de estribo lateral, 1960.
Segunda imagen: Coche de viajeros CO v 326 en los alrededores de la estación de Zújar-Freila, 1969.

Fotografías tomadas en la década de 1980
de la locomotora diésel 1300[71]

71. AHF: Primera imagen: Locomotora Diésel RENFE 313-026-7 (ex1326) en la línea de Guadix-Almendricos, realizando expreso Barcelona-Granada. Diciembre de 1984.
Segunda imagen: Locomotora Diésel RENFE 1300 cruzando el puente chico de Gor entre las estaciones ferroviarias de Gorafe y Gor dirección Guadix.

CAPÍTULO IX

EL CEJO

Muy próxima a la estación de Gorafe, se halla una vecindad llamada el Cejo, que como un guardián parece velar sobre aquel extenso valle. Consistía en una hilera fina de cuevas, camufladas en el paisaje, y alguna casilla en el camino que iba de la estación al pueblo de Gor[72]. La casilla situada más arriba de todas, como una atalaya, era la de Modesto el Bulle. El Cejo debía ser antiguo. Se desconoce su origen, pero su sencillo entramado y la particularidad de las viviendas hace pensar que habitantes de siglos pasados pudieron haber estado pululando. Es un vergel donde los cejeños están en absoluta paz. Nada más que la propia naturaleza, la lluvia o el arroyo pueden enturbiar el imperio del silencio que allí pace sosegadamente. Las huertas se extienden en *chartinas*[73] sobre la ladera más alta del arroyo de Gor. Cada cual, en la placeta que abre paso a su cueva, tiene su corral de gallinas.

---

72. Precisamente en el camino que en 1933 el ayuntamiento de Gor quiso hacer hasta la estación, conectando así los cortijos por los que pasara el barrio de casas-cueva del Cejo, que era, al igual que la estación, poblaciones anejas al municipio.

73. Disposición del terreno de una ladera en terrazas para el cultivo.

Los animales eran autónomos y autóctonos. Sabían sobrevivir con las más tiernas exquisiteces. Al contrario, los pobladores de este enclave eran de un carácter humilde y servicial. Dentro de las escaseces, había abundancia en la felicidad, conformando una comunidad muy unida entre los vecinos.

Aurelia vivía en una cueva allí[74]. Ella era una mujer incansable e infatigablemente trabajadora. Su labor comprendía gran parte de los cortijos y casas de la estación. Aunque carecía de estudios, era de un desarrollado ingenio, y tan bien valorada que fue, para aquellas comunidades, la enfermera más habilidosa: ponía vacunas a los niños, inyecciones a adultos e incluso a los animales, y por encima de todo aquello, ayudaba a las mujeres a traer a sus hijos al mundo.

Los medicamentos en aquel tiempo y especialmente en aquel lugar estaban bastante restringidos. Normalmente se tomaba una pastilla de okal, optalidón o aspirina. Para las infecciones, Aurelia disolvía con suero el bote de penicilina en polvo, y lo inyectaba. Preguntando a su hija sobre la labor de su madre como enfermera, Mari responde:

> «Ponía mucha penicilina. El antibiótico venía en botes en polvo. Ella lo mezclaba con ampollas. También ponía unas ampollas más grandes a la gente que tenía anemia. Otras para los dolores de huesos y reuma. Eso lo recetaban los médicos de Gor, (don Joaquín y don José) y la gente iba a la farmacia de don Ramón a por la medicación. También ponía en las venas y suero. Don Joaquín se lo ordenaba a mi madre. Además, le ponía a los caballos y a las bestias que necesitaran de medicación».

74. Sus padres Manuel y Mariana vivían allí. Tenían por hijos: María la Trenera, Aurelia, Encarna, Julián, Cayetano y Antonio.

Había un remedio casero que abría el apetito. Este se llamaba ponche. Consistía en huevos crudos con leche y azúcar. Era reconstituyente. Otra opción era tomar aceite de ricino para abrir el apetito, que por su repugnante sabor es bien recordado por todos los que lo tomaron.

Se recuerda que la maestra Rufina, embarazada de su tercer hijo, iba a ir al hospital a dar a luz, pero una fuerte tormenta de nieve hizo impracticable salir de casa en ese estado. La nieve se amontonó copiosamente, llegando a cubrir con un manto de más de un metro todo el horizonte. El hijo que estaba esperando venía en camino[75]. Rápidamente llamaron a Aurelia[76], y a su vez, a la vecina más próxima, que era María Sánchez[77]. Y ambas, una como partera y la otra ayudando y calmando los dolores, hicieron posible que en aquella circunstancia en la que hasta los trenes estaban pa-

75. Esto ocurrió el 12 de abril de 1958.

76. Se podría decir que Aurelia fue una de las grandes matronas entre los vecinos. Haciéndole el relevo a la señora Eulogia —de las lomillas— que era de una generación anterior. Aurelia había atendido en el parto a Encarna, Angustias la de Manuel Cortés, Araceli, etcéra. Ella misma cortaba el cordón umbilical y si era niña le hacía el agujero del pendiente, colocándole un lacito para que no se cerrara hasta que los padres pudieran ponerle unos a la niña. En la casa, su hija Mari recuerda que siempre olía a desinfectante y antiséptico, por la agitada y continua labor de su madre. Además, el médico de Gor, don Joaquín, tenía gran confianza en Aurelia, y muchas veces la tenía como asistente cuando atendía a las gentes de aquellos anejos cercanos, para que estuviera pendiente de la evolución de los pacientes.

77. La casa donde vivían Rufina y Juan Ramírez era la parte alta de la escuela antigua, justo enfrente de la casa-cantina del matrimonio Albarracín-Sánchez. Paños calientes, toallas y una aljofaina fueron los medios para atenderla en el alumbramiento.

rados en mitad de la vía, la vida siguiera su proceso y su hijo viera aquella nieve inmaculada sobre los campos y tejados de La Estación de Gorafe.

Además, Aurelia pasaba muchas horas en la casa de María Sánchez. Le ayudaba a coser y a bordar la ropa que se precisaba. De igual forma, iba hasta el cortijo de Picograjo donde residía la madre de María y sus hermanas: Madre Leocadia. Allí también bordaba y ayudaba en lo que necesitaran. Hubo un tiempo en el que María y Aurelia acordaron tener gallinas juntas, en la placeta de Aurelia en el Cejo, y cuando estuvieran preparadas para venderse, los beneficios iban a medias. Mientras tanto, los huevos que estas ponían servían de moneda de cambio para ir comprando en la tienda de Pepe Albarracín. La admiración y la generosidad era mutua.

Aunque diminuta, era una aldea llena de vida y de gente. Entre sus habitantes constan: Manuel Colorín y Enriqueta, Juanjo el Herrero y Mari Carmen Alcaide[78], Domingo y Consuelo, Manolo Malaguita y Constanza, Torcuato Colito y Dionisia, Carmelo y Ascensión, José Molehabas y Mariana, María la Carrera, Los Caseras[79], María la Pulga, Graciliano, María de la Higuera[80], Rosendo Herrera y María la Chachana, El Pucherete, Onofre, María la Escarcha, Francisco Escudero y Anascacia, Consuelo, Ramón Manosnegras y

78. Mari Carmen Alcaide vivió en su infancia en la estación de Gorafe. Su padre trabajaba en el almacén del trigo. Sus padres, Carmelo y Asunción, vivían en la casa que hacía esquina opuesta a la de Juan Morales.

79. Amador y Dolores.

80. Se le llamó así porque había una higuera frondosa en su puerta. Estaba casada con el «Tío Ramón». En su cueva los hombres se reunían a jugar una partida cuando terminaba el largo día de trabajo.

Dolores, los Sotos[81], Carlota y Ramón, el Tío Luís, los Botas[82]. Al ser el nombre de María muy común, era preciso que cada cual tuviera un apodo para ser reconocida.

Fotografía de vecinos del Cejo[83]

Continuando el camino hasta el final del Cejo, se avistaba el Cortijo Guzmán, donde vivía Matea y su familia, y el Cortijo Piojo. Algo más abajo, al pie del cortijo de Dionisia, había un nacimiento de agua de donde se abastecían todas las familias, tanto del Cejo, Estación, como cortijos cercanos. Era conocida como la fuente Vicario. Servía de manantial de

81. José Soto y Silvestra.

82. Manuel Botas y su mujer María.

83. En la fotografía aparece la familia Manosnegras: Manuel y su esposa e hijo, y su cuñada Dolores (mujer de Ramón) junto a sus dos hijas. A la izquierda aparece Aurelia. Cedida por María Rodríguez.

agua fresca, por lo que no eran pocas las veces que era visitada con mulos y cántaros para llenarlos y tener agua potable en las casas. De esto, Francisco Ibáñez Albarracín recuerda, siendo niño, haber sido mandado por su abuelo Pepe Albarracín a por agua, con una mula y los cántaros sujetos a la albarda. Si a la mula se le metía prisa, subiendo aquella cuesta empinada hasta alcanzar el altozano del valle, esta se tumbaba y reventaba los cántaros de barro, derramando el agua. Cuando pasaba, había que ir a Guadix o a Baza a por nuevos, pues aquella primera necesidad no podía escasear en un lugar que estaba siempre transitado.

En la estación tenían otras técnicas de conseguir agua. Debajo de la era se creó un pozo, cuyas aguas salitrosas solo servían para dar de beber a las bestias. La otra forma, era tomándola del vagón cisterna que el tren traía algunas veces, cargando de agua el aljibe de la estación. Don Julián[84], por cercanía y precisa necesidad, permitía que se cogiera agua de allí. El camino hasta la fuente tenía cierta dificultad. Por una parte, había que cruzar el llano que llegaba hasta el Cejo, y posteriormente cruzar ladera abajo, por el margen del arroyo hasta el cortijo de Dionisia.

Pero si aquel sitio fue reunión constante se debía a los lavaderos que mismamente se construyeron en línea con la fuente. Las mujeres acudían con cestos repletos de ropa y echaban la mañana o buena parte del día con la colada de la semana. Conforme llegaban se ponían protocolariamente más cerca de la salida de agua limpia, que era el lugar privilegiado de las más madrugadoras. Con su jabón casero y un estropajo de esparto frotaban[85] y enjuagaban, extendiendo

84. Jefe de estación.

85. También existían los polvos Perfil, las pastillas de jabón Lagarto, Ajax o Tutú.

las ropas a reposar sobre las retamas o juncos que hubiera. De esta manera las prendas se soleaban[86]. Para enlucirlas y blanquearlas se azuleaba el agua y se remojaban en ella, aportando una tonalidad más clara[87].

La tertulia empezaba con las primeras lavanderas. Todas las opiniones, comentarios y experiencias se relataban. Si bien en la tienda tenían el periódico de las 11hs, las habladurías del pueblo o lo acontecido en los alrededores llegaban a la fuente por boca de los testigos o a oídas de terceros, lo que enriquecía la conversación, a la que se acompañaba de bromas y canciones.

Las mujeres que eran madres con niños pequeños y no tenían hijos más mayores u otras personas a las que dejar a cargo, se los llevaban con ellas y así ponían atención también a su cuidado. Todas se ayudaban entre sí para solear los trapos o para cargarlos. Había quien bajaba con los cestos y capazos repletos. Si era bastante ropa entre sábanas y vestimentas, asomaban con un burro o mula que pudiera trasportar el cargamento.

Las vecinas que no podían, por labores o incapacidad, bajar hasta la fuente, contrataban por un módico precio a alguna vecina como lavandera, y al término del día le devolvía las prendas soleadas y limpias. El tránsito hacia la fuente era corriente, pero uno de los momentos cuando más se llenaba de mujeres era en la época de la matanza.

---

86. El sol, en conjunción con el jabón, mataba las bacterias que en la ropa quedaran y de esta forma, en un primer momento la ropa, que mojada tanto pesaba, empezaba a secarse, restando peso, lo que favorecía el traslado de vuelta a la casa, donde se tendía finalmente.

87. Ese blanco azul se puede observar en las prendas que se lavaban a través de este proceso. Se le conoce como blanco nuclear, que tiene un matiz azulado.

Durante la mañana, lavaban las tripas para que estuvieran listas para el proceso. A diferencia de otros lavaderos de la comarca, de este nunca se tuvo noticia de que pudiera haber peligro alguno para quienes acudían hasta allí[88].

Fotografías de vecinas del Cejo y la estación, mediados de siglo XX

88. En otros lugares se precisaba la presencia de la Guardia Civil haciendo rondas, ya que un grupo de mujeres solas en algunas ocasiones podían ser atormentadas por hombres que pasaran por allí borrachos y empezaran a atemorizarlas violentamente.

CAPÍTULO X

PICOGRAJO

Avanzando el arroyo hacia Gorafe, el valle se corona por dos poblaciones anejas a Gor: Las Viñas y Cenascuras. Una frente a la otra, como si se tratasen de dos puertas colgantes a cada orilla. En medio de estas, una carretera serpentea ambas aldeas vertebrándose entre ventas y cortijos. Entre ellos, destacar la Venta de Emilio y el Cortijo del Olivar[89]. Este paso del valle era el único que había para cruzar el río —por medio de un puente de baja altura— por diligencia, siendo frecuentado por viajantes y forasteros que hacían la ruta de Guadix a Baza y viceversa. La venta de Emilio Ropones primero fue regentada por su madre, Demetria, quien tenía entonces también posada en el pueblo de Gor. El mesón que regían era de obligada parada para hacer el camino

89. También llamado Cortijo Colorao, propiedad de Torcuato García Ferrer (1887-1970) conocido abogado y profesor, destacado por haber puesto letra al himno de la coronación canónica en 1923 a la patrona de Guadix, la virgen de las Angustias. Su esposa, Ana Jiménez Alarcón (1899-1989) estaba emparentada con el escritor Pedro Antonio de Alarcón y Ariza. Ambos no tuvieron descendencia. A su muerte, el cortijo Colorao (bien pudiera haberse conocido así por los colores que visten los muros, o por la faceta republicana del propietario) fue legado a sus sobrinos.

más amable, y así poder repostar hasta llegar a Guadix. A su vez fue lugar de encuentro y celebración de las familias de los alrededores con convites, festejos en días señalados, etcétera.

Siguiendo el sendero, y pasando la venta de Morenate[90], se podía divisar el Cortijo del Olivar[91]. A continuación, y doblando la curva hasta Cenascuras, se encontraba el taller de los hermanos Cortés. Debido a los nuevos tiempos en los que las carretas fueron sustituidas por camiones y camionetas, el taller mecánico era un lugar indispensable para los trabajadores que hacían desplazamientos de mercancía. Décadas después, cuando se hizo el replanteo de la autovía y el puente grande de Gor, trasladaron el taller a las lomillas frente a la estación de Gorafe.

Como un eje, entre la carretera principal alcanzado el altozano y como entrada a la aldea de Cenascuras, se situaban las cuevas y el Cortijo de Picograjo. La antigua cortijada tenía como matriarca y soberana a Madre Leocadia (1880-1973). Leocadia había sido hija única, heredando grandes lotes de tierra de sus padres. Ella se casó con Modesto Sánchez,

---

90. La Venta Morenate tenía horno, frecuentado por los vecinos de la carretera a Picograjo y por algunos vecinos del Cejo.

91. No obstante, cruzando Cenascuras y siguiendo la carretera hacia Gorafe existió un cortijo llamado Olivares, perteneciente a Antonio Olivares Ochoa (destacado terrateniente). El dueño de dichas tierras fue el primero en tener un coche con chófer en la época. Era conocido el gran número de jornaleros y peones a su cargo para atender las grandes extensiones de tierra que le pertenecían. El cortijo se dividía en diferentes módulos (residencial, jornaleros, almacenamiento) adaptados a las necesidades de la explotación agrícola. Se situaba en la vertiente de una rambla, próximo a la ramblilla del Peral, a medio camino entre el pueblo de Gorafe y la estación de Gorafe.

con quien tuvo nueve hijos[92]: María Jesús (1902)[93], Santiago (1904), Antonio (1905), Isabel (1908), Joaquín (1911), Consuelo (1914), Leocadia (1916), Encarnación (1919) y Mercedes (1923). Cuando ella enviudó de su marido, dirigió sus tierras y tenía peones contratados para mantenerlas. Entonces se pagaba el jornal con comida, y ella no escatimaba en ir a lomos de su caballo repartiendo el almuerzo entre sus trabajadores, que la apreciaban y agradecían.

El cortijo de Picograjo era una casa con cierta ventaja debido al pozo con el que contaban. En cambio, tenían que ir a lavar a la fuente Vicario, dado el esfuerzo que suponía sacar cubos de agua del pozo para dicho fin. Esta casa posteriormente se dividió en tres (para algunos de sus hijos[94]). Cuando envejeció, Leocadia pasó algunas temporadas en casas de sus hijas, o bien en Picograjo (con Consuelo y Encarna), Gor (en la calle Real donde tenía casa su hija Isabel) y La Estación de Gorafe (con su hija María)[95].

Madre Leocadia vivió hasta los noventa y dos años y fue la gran madre de todos sus hijos, nietos e incluso bisnietos. Por su personalidad, convirtió aquella cortijada del camino en un lugar de descanso y reposo, extendiendo esta cortesía a los viajeros y forasteros que pasaban por allí. A cambio de la

92. Hubo un décimo hijo: Gregorio (1910-1911) que murió en el primer año de vida.

93. María Sánchez, mujer de Pepe Albarracín.

94. La casa de la derecha fue habitada por Paco Ferreira y su hija Consuelo; la del centro por madre Leocadia y su hija Encarna; y en la casa de la izquierda su hijo Antonio y su familia.

95. Para la fecha, Leocadia se había trasladado a Barcelona en el éxodo rural con el desarrollismo. Y Mercedes había muerto con dieciocho años de ictericia, causándole un gran pesar.

hospitalidad, estos tomaban una foto del momento, contentándose ambas partes por la espectacularidad de la instantánea.

Leocadia siempre tenía alguien en el servicio doméstico, y durante un tiempo lo fue María la Trenera[96], mientras era soltera. Se cuenta que, en una ocasión, María ya tenía su novio con quien había hecho planes de matrimonio. En cambio, había otro joven que la pretendía y acudía al cortijo sabiendo que trabajaba allí. Tocaba la puerta para que esta se asomara por el balcón y así mocear. María, agobiada, se lo comentó a Encarna, que decidió salir ella al balcón y le arrojó un cubo de agua. Desde entonces no volvió a aparecer más por Picograjo. El cortijo irradiaba vida. Era la enérgica y generosa personalidad de Leocadia la que hacía de aquel sitio un fortín repleto de candor y acogimiento. Una hospedería para propios y extraños que se apagó el día que ella dejó de existir.

96. Hija de Mariana y hermana de Aurelia, la enfermera.

Fotografía de Leocadia Cayetana Hernández García,
madre Leocadia, alrededor de 1930.

Fotografías tomadas en 1950 en el Cortijo Picograjo[97]

97. La primera fotografía se debió a la visita de una pareja de extranjeros, que se fotografiaron con la familia como gratitud por el hospedaje. En la fotografía aparecen de izquierda a derecha: 2ºSantiago, 3º Trinidad, 6ºPaco Herrera, 7º Madre Leocadia, 8º Consuelo.

Fotografía tomada en las inmediaciones de Picograjo en 1950[98]

En la segunda fotografía tomada en alguna festividad local —quizás San Blas— aparece Madre Leocadia en la parte superior junto algunas de sus nietas y otras amigas de la misma generación. De este grupo destacan María Albarracín Sánchez y María Moya Albarracín.

98. Aparecen Consuelo, Paco Ferreira y su hijo Antonio.

Fotografía tomada en la puerta del cortijo Picograjo,
de una nonagenaria Leocadia, siendo cuidada y peinada
por su hija Encarna, al sol.
Cedida por Remedios, hija de Encarna Sánchez.

Los años pasaron, las puertas se fueron cerrando, y los candados que las protegían iban engrosándose con una pátina de olvido. Aquel tiempo estaba sentenciado. Se deshacía en cada día. El futuro dejó de brotar.

CAPÍTULO XI

EL PORVENIR

A diferencia de otras localidades más asentadas, aquí no dio lugar a establecer jerarquías o clases sociales que enturbiaran la convivencia. Cada cual tenía una función, y era tan respetada como las funciones de cualquier otro. Esa igualdad en la dignidad de los trabajadores fue un símbolo de una España rural y naciente que luchaba por salir de la miseria y mantenerse a flote. Entonces, se le puso el nombre de porvenir.

Las casas eran autosuficientes. En la medida de lo posible cada familia realizaba sus propios métodos para no requerir para su propio hogar objeto alguno externo a sus propiedades. Por norma general, todo el mundo tenía gallinas y una cabra de la que extraer la leche a diario. También un muleto o burro con el que poder llevar o traer cargas o personas. Un fuego donde poder cocinar y proporcionar calor, y cántaros donde almacenar agua. Con el transporte y el alimento cubierto, la mitad de las tareas estaban satisfechas. Por ello, la mayoría de los hombres cultivaban sus huertas, y además trabajaban para otros vecinos que tuvieran más tierras y necesitaran de manos para sembrarlas y cosecharlas. El año que llovía aumentaba el trabajo a espuertas, a diferencia de los de secano, que producían más hambre por la falta de alimento y el encarecimiento de lo poco que hubiese.

Fotografía de Ramón Martínez Blánquez, Manosnegras, y familia: su esposa Dolores y sus dos hijas Esperanza y Lola con la cabra. Cedida por hijas de Ramón.

El agua era pública, tomada de las fuentes (como la popular fuente Vicario o de los caños de Gor) o de los pozos, en el caso de que hubiera alguno útil (como en Picograjo) y el propietario se prestase a ceder parte de sus bienes. Luz no había, ni alcantarillado. Los quinqués se abastecían con aceite, aunque era muy común el uso de palometas o mariposas[99].

99. Estas se adquirían en la tienda de Pepe Albarracín. Las mari-

Posteriormente, se comercializaban los petromanes, que para hacerlos funcionar se necesitaba de petróleo. No se gastaba ni desperdiciaba nada. Recuerda Nieves Luna[100] que cuando era pequeña «en primavera todo era verde, porque nacía; y en verano amarillo, porque se recogía». Desde la casa en la que vivían, al atardecer, se escuchaba la voz a coro de los segadores cantando. Los labradores con los mulos cubrían los ecos de aquellos llanos. Era algo propio de la cosecha, ese quiebro del silencio anónimo establecido sobre los campos y los montes, abriéndose camino a medida que iban acercándose los hombres tarareando y entonando canciones.

Una vez se había segado, ella junto con sus hermanos, llevaban los pavos y los cerdos a los rastrojos. Al ocaso, los animales sabían que tenían que volver, presintiendo la oscuridad de la noche cernirse. Entonces, ellos mismos regresaban a la casa intuitivamente, esta vez, haciendo de pastores a sus dueños, que seguían las pisadas de los animales.

Uno de los trabajos más habituales por aquella zona era en el sector del ferrocarril. Su padre Antonio Luna Valero[101] y su madre Piedad García Gámez[102] tenían distintos oficios. Él fue capataz de vías y obras, que a raíz de la situación de la vía en las proximidades del arroyo de Gor, era uno de los cargos más extenuantes y laboriosos, por el preciso control y seguimiento de la situación del tramo; por su parte, su ma-

---

posas o palometas se ponían sobre un recipiente o tacita con una base de agua y una capa de aceite. Encima se posaba y se prendía fuego a la mecha.

100. Hija de Antonio Luna, capataz de vías y obras de ffcc, y Piedad García, guardabarreras.

101. Natural de Torreblascopedro, Jaén.

102. Natural de Baúl, localidad próxima a la estación de Gorafe.

dre era guardabarreras, o guardesa, en el Puente Chico, en Gor. Ella trabajó allí hasta 1959. Su hermana Carlota trabajó también de guardabarreras en el puesto del Alambique, justo antes de María J. López Martínez, la del paso, y Manuel Botas. Solía tener turno de mañana. Salía temprano de la casa, ya que existe un trecho distante entre el lugar donde vivían y el puesto. Tuvo nueve hijos. Cuando podía, trabajaba también en la vega. Cocinaba por la noche para el día siguiente. A medida que los hijos crecían, su hija mayor era la encargada de atender algunas labores del hogar, ir a la fuente Vicario a por agua y a lavar la ropa.

Comúnmente, el trabajo de la mujer se distribuía en dos zonas: la parte doméstica, de mayor ocupación, tanto en la propia casa como en casas ajenas contratadas para ejercer algunos trabajos; y la parte agraria, en la que en el tiempo de cosecha se acudía a ayudar, junto con los hombres, y así terminar lo más rápido posible —antes de que despertara alguna inclemencia que perjudicara la calidad del fruto—.

Otro de los trabajos que más abundaron en la zona fueron los ligados al Servicio Nacional del Trigo y a la mercancía. Fueron muchos los peones que tuvieron contratos permanentes. Aunque el silo tenía temporadas altas de acoger grano, era continuo el trasiego y el bullicio.

Fotografía de María la del paso a mediados de siglo XX[103]

103. Fotografía cedida por familiares de María José López Martínez, tomadas en las cercanías del paso a nivel del Alambique.

Fotografía de mediados del siglo XX[104]

104. La primera: Hermano de Nieves Luna partiendo leña en la puerta de su casa, cedida por Nieves.

La segunda: Antonio, Raimundo, Pepe, Joaquín y Luis en el camión.

Mariana, madre de Aurelia, cosía los sacos rotos del trigo. Carmelo Alcaide pertenecía al grupo de peones que portaban los sacos de cereal en el almacén. En cambio, él también fue marchante: conseguía un número de ovejas de pastores de la zona. Los martes por la tarde las recogía y el miércoles las llevaba al mercado de Baza a venderlas. El porte se lo hacía en el camión Joaquín Albarracín o Miguel Piernas. Al haber un margen tan ajustado de tiempo entre que las consiguiera y las distribuyera no le era necesario ningún corral donde meterlas. Y de esta manera se sacaba un dinero extra al sueldo que percibía en el Servicio Nacional del Trigo.

Esperanza de Manosnegras, recuerda a su abuelo, el cual era artesano de pleita, un oficio tradicional en la zona[105]. Todos colaboraban en lo que podían y sabían.

El cartero de Gorafe, Rosendo, subía al tren a por la correspondencia a media mañana en una tartana, y traía cuatro o cinco viajeros que se subían para coger el tren. El hombre era muy tranquilo y cuando se acercaba por Picograjo o Cenascuras veía el humo asomar de la locomotora, y de despacio que iba algunos viajeros hasta perdían el tren[106].

Con el avance en los transportes, los camiones fueron una obligación para un mercado de distribución en especie bastante solicitado. Llenar los vagones de trigo también dependía de los conductores que acercaban el grano. Por un

105. La pleita se hacía para enredar sillas. También se preparaba para cuando los hombres iban a segar, atar los gambullos (puñado de cañas o brozas que se abraza con las manos) de cebada, de trigo y luego traerlos a la era para trillarlo. Después se dejaban en el almacén.

106. En una ocasión un viajero le dijo: «¿Quiere usted hacer el favor de enseñarme los huevos? A ver cómo los tiene de gordos, porque hombre ¡ya está bien!».

vagón completo se podía pagar hasta treinta y cinco duros. Los mercados semanales de ganado en Guadix y Baza también promovían que los ganaderos movieran sus rebaños o piaras hasta otra localidad, solicitando este servicio.

Fue una revolución, en el sosiego de siglos que, de la noche a la mañana, la aldea más benjamina entre aquellas cortijadas se convirtiera en un polo industrial, motor de comercio, y procurara trabajo a tantas familias como allí habitaban.

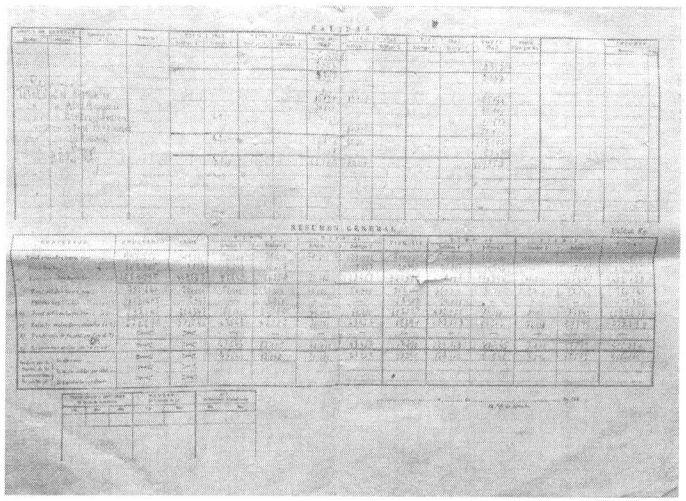

Parte diario del movimiento de almacén. Ministerio de Agricultura. Servicio Nacional del Trigo. Década de 1960.

Fotografías realizadas en la estación en 1950[107]

107. En la primera imagen: Don Paco —jefe de estación—, Pepe Albarracín, Manuel Pérez y desconocido (seguramente, jefe de almacén de la época). En la segunda, tercera y cuarta imagen: trabajadores y vecinos de la estación entre los que se encuentran Modesto Albarracín, Manuel Pérez, Juan Ramírez y Escudero.

Fotografías realizas en la estación en 1950

CAPÍTULO XII

GURUPINA

Se comía lo que daba el campo. Hortalizas, carne y a fuego lento. Patatas, harina, fideos, arroz, azúcar, aceite y las matanzas. Esa era la dieta habitual en la zona. Comían migas, gachas, jaleos, andrajos, cocido, lentejas, potajes de habichuelas y de garbanzos.

En algunas fiestas, la gastronomía se enlucía de tradición y se preparaban platos especiales. En Semana Santa, era costumbre comer albóndigas y panecillos de bacalao. Para San Cayetano, conejo con tomate, y para Navidad las matanzas se preparaban, se comía carne cuando criaban los conejos y los pollos. Bandejas repletas de mantecados, polvorones y roscos fritos se amontonaban en las alacenas para todas las fiestas.

En los años de la escasez, había cartillas de racionamiento en las que los cupones se canjeaban por los productos que todavía quedaban. Estos alimentos formaban parte de una lista de ingredientes esenciales, subiendo desorbitadamente el precio de otros bienes como el vino o el chocolate. El contrabando, o estraperlo, era una opción bastante frecuente, dada la falta de suministros a los que se podía optar oficialmente para una familia.

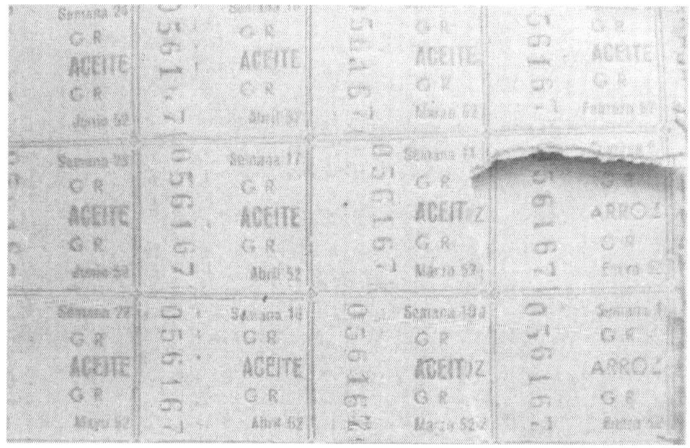

Fragmento de una cartilla de racionamiento

Otro de los alimentos más necesitados era el pan. Entre los anejos había varios hornos, incluso en las cuevas del Cejo. En la estación de Gorafe había uno, bajo Picograjo había otro, y en Gor también. Se hacían panes redondos que duraran más. Esperanza de Manonegras recuerda que su madre bajaba al horno en Gor a cocer los panes. Hacían algo más de una docena, lo que el propio horno permitía, y dejaban dos o tres al dueño del horno, en compensación. Esto se podía hacer cada quince o veinte días. En la casa de Pepe Albarracín, el horno estaba justo a la entrada. Allí se suministraba pan para todos los anejos y cortijadas. Tal y como ya se ha comentado, El Tello y Moisés hicieron el relevo, subiendo ellos mismos a venderlo.

Ramón Manosnegras, y antes que él Antonio Sánchez[108], era quien realizaba la matanza en la casa de Pepe Albarracín. De la zahurda sacaban dos o tres marranos y ya tenían para sí mismos y para vender. La matanza suponía unos días de revuelo y mucho trabajo, dada la gran cantidad de alimento

108. Hermano de María Sánchez. Se trasladó junto a su familia a Barcelona a principios de 1960.

que se obtenía y lo cuidadoso que había que ser para que se conservara bien para todo el año. Para conocer de primera mano las técnicas, instrumentos y procesos para la realización de la matanza he recurrido a entrevistar a Ramón y a su hija, Esperanza, quien aún conserva las herramientas y materiales de aquellos años.

> «Hacer la matanza llevaba tres días. Lo primero de todo era cocer la cebolla y dejar que liberase toda el agua. Lo mismo con el resto de especias o condimentos que se le vayan a echar al chorizo, salchichón, morcilla, butifarra…».

Dado que del propio animal no se desperdicia nada, uno de los trabajos más exigentes era la limpieza de la propia tripa, por la fragilidad y delicadeza del órgano:

> «Agua y sal para lavarlas. Había que darles la vuelta. Antes de todo eso había que desmenuzarlas. Había que limpiar la telilla de la tripa, que era manteca. Una vez lavadas se separaban, pues las tripas del intestino delgado y del intestino grueso tenían varias funciones. El intestino delgado era para el chorizo, porque es más estrecha la tripa. Se seca antes y no hay que cocerla. Del intestino grueso hay que cocerla porque la tripa es más gruesa. Era para la morcilla y el salchichón.
>
> Se cogía un esparto para ir raspando, pasándolo por la tripa, para escurrir cuidadosamente y procurar que se fuese yendo toda la suciedad del interior. Para entonces, a la tripa ya se le había dado la vuelta. Ir a la atocha,

coger un manojo y empezar a hacerlo, por ser un elemento flexible, rígido y fino.

Se lavaba primeramente en dos o tres aguas, con sal. Después, agua y vinagre, y otra vez. Y por último se les echaba harina y agua para que se blanqueara la tripa. A los críos nos llevaban a la fuente. Mientras las mujeres lavaban las tripas, los niños echaban agua dentro con un cacillo para que escurriera, y ya para terminar agua con limón.

A las 10.00 de la mañana se iban a la fuente un grupo de mujeres para lavar las tripas y que para las 14.00 estuvieran listas. Otro grupo de mujeres se quedaban con el matarife y los hombres, para cuando saliera la sangre en el lebrillo, que una moviera enérgicamente para removerla. En los dedos iba quedando la madeja, es decir, la sangre coagulada. A la morcilla tenía que ir sangre limpia. Según quién se pusiera a mover la sangre, se pasaba por colador o no hacía falta. Este ejercicio era "parar la sangre". La mujer que hacía esto se decía que traía mala suerte que tuviera la regla».

Fotografía de la familia de Ramón Manosnegras de una jornada tradicional de matanza[109]

«A la mesa subían vivo el marrano entre la gente. Tenían que cogerlo de algunos ganchos y en un momento lo echaban encima. El animal bregaba. Ataban las patas por detrás y por delante, entre seis o siete hombres. El marrano en sí tiene que estar quieto para que le pinchasen en la yugular. Una de las patas delanteras se le doblaba para poder pincharle bajo la barbilla. Una vez pinchada, la mujer que paraba la sangre estaba debajo con el lebrillo removiendo. Y cuando esa parte terminaba, se le echaba sal a la sangre y se tapaba para que se enfriara hasta la tarde, que era cuando se hacía la morcilla. Los pelos al marrano se le quitaban con agua hirviendo de la

109. Precisamente en esta foto se dirigían a la fuente Vicario por la mañana temprano a lavar las tripas, ya que era el único sitio donde abundaba el agua y podían lavarse bien. Cedida por familiares de Ramón Manosnegras.

caldera y con unas raquetas se rascaban. Las pezuñas se metían en un cubo y se sacaban los ganchos.

Las morcillas llevaban pan (de panes grandes, teleras), pimiento seco, almendras, cebolla... La manteca del marrano era la que se picaba para echársela a la morcilla. De esos panes, como la miga se echaba para la morcilla, con la corteza que quedaba se hacían las migas. En unas perolas grandes se hacían migas, se ponían a remojar. Asadura frita y pimientos fritos.

Había que esperar de un día a otro para que el marrano se helara y costara menos trabajo para picar la carne. En el camal colgado se enfriaba. El primer día se hacía la morcilla. Se mataban en la purísima. Con el cerdo colgado, el matarife los descuartizaba y le quitaba los jamones, las paletillas, las costillas, etcétera. Para entonces, ya no quedaba sangre, quizás en el corazón o en el hígado. Los jamones se metían en unos cajones de madera y sal. Se le echaba una capa de sal y se ponían encima tapados en sal. Pesaban el jamón y, según los kilos que tenía, había que dejarlo de sal. Arriba tapado y prensado con la sal. Dependiendo del tamaño, se recogía un día u otro, después de una semana. El jamón, las paletillas y las pancetas de tocino también se ponían en sal. El tocino se comía antes de marzo, porque si le daba el aire de marzo se enranciaba. Estando en seco lo metían en orzas tapado con sal para que no se resecara mucho.

Cuando se hacía la morcilla (previamente cocida en una caldera) entonces se colgaban en el palo y se dejaban orear. Después cogías la morcilla entera y la pasabas por aceite hirviendo. La morcilla podía llevar amasada en un lebrilllo, un poco de arroz (para hacer bulto), cebolla, almendras, pimientos secos, moyas de pan.

Los lomos se partían en tacos, los adobaban (pimienta, orégano, tomillo, canela, bañado con vino) y después los pasaban por aceite. Ese mismo aceite, que era grasoso, se convertía en manteca, y en la orza junto con este aceite, ya no se echaban a perder. De la misma manera, para conservar la morcilla y el chorizo.

Había chorizo de papa y chorizo de magro. Papas cocidas que se secaba antes y salía más masa. Le metían sabor a picante para que no supiera a papa. Eso se lo podían comer para Navidad. El chorizo lo metían en la orza cuanto antes para que no se lo comieran y durara más para todas las meriendas del año.

Había que comprar tripas aparte, porque igual con las del marrano no había suficientes. La matanza duraba tres días. El día que ayudaban las mujeres era el de la morcilla y el del chorizo (que era picar toda la carne: los magros, los lomos que no se cuidaban mucho -en chorizo aguantaban más-, las mantecas). Para que no se pusiera tan dura le ponían manteca.

La moscarda podía cagar en el hueso del jamón y se llenaba de gusanos. Se le echaba, una vez colgado el jamón, montones de sal en los huecos. La sal se compraba en la tienda de Pepe Albarracín, en sacas de 25 kilos».

De esta manera se llevaba a cabo uno de los momentos anuales más tradicionales, pues reunían a las familias, vecinos y amigos, y les aportaba prosperidad para todo el año.

Al no haber electricidad suficiente[110], en verano se optaba en la tienda por instalar una nevera de lata a la que había que meterle continuamente unas placas de hielo que se vendían en Guadix. De esta manera podrían estar las bebidas, especialmente los botellines de cerveza, y algunos alimentos, frescos. Esta nevera exigía de estar constantemente pendiente de que no formara agua en ella, pues esto derretía rápidamente el hielo. Para el agua potable, se guardaba en botijos, que por las cualidades de la alfarería y la porosidad se refrigeraba sola. Además, para paliar los meses de calor, se hacían gazpachos que los jornaleros se llevaban al campo para beber y comer al mismo tiempo.

La gastronomía que imperaba en la zona se acercaba a una economía de subsistencia. En cambio, al ser los productos naturales de sus propias huertas o campos aledaños, y las carnes frescas procedentes de los mismos animales del entorno o los corrales, aportaba un sabor especialmente enriquecedor y saludable a cada plato. Una de las comidas que por costumbre se solían hacer allí eran las migas —o bien de pan, o bien de harina—, las gachas y la gurupina. Este tipo de guisos, a excepción de las migas, que es en seco, combinan caldo con masa, entre otros ingredientes como patata, chorizo y pimiento, que adhieren al plato un sabor muy característico al propio campo.

Los niños, durante los recreos, eran los que tomaban más dulces como caramelos o chocolate con pan, también chorizo

110. La molineta que se instaló tiempo atrás ya estaba vieja y no se optó por sustituir por ninguna otra. Aunque el sistema de luz estuviera instalado no había generador que lo encendiera.

con tortas de aceite, que era una de las meriendas más tradicionales. El café que había era de la marca La Golondrina. Había que hervirlo dos veces para que tuviera algo de sabor. En la tienda también se vendían cajitas de té negro. La leche de la cabra debía ser hervida tres veces para que pudiera ser óptima para el consumo.

Cuando era invierno y el frío arreciaba, se les daba a los niños un poquito de anís o aguardiente para que pudieran calentarse. Una de las recetas que se recuerda de María Sánchez, que realizaba en la cocina al despertar para desayunar eran las tortas fritas:

Tortitas fritas

1 vaso de agua
½ cucharadita de bicarbonato
½ cucharita de sal
Harina, la que admita

En un recipiente se junta el agua con el bicarbonato y la sal. Se remueve mínimamente. Por otro lado, se prepara la sartén con el aceite a calentar. Se va añadiendo harina al recipiente hasta que quede una masa homogénea —que no se pegue a los dedos—. Esta masa se aplasta y aplana, a la vez que se divide en porciones rectangulares. Una vez esto, se van friendo y sacando, aportando por encima un poco de azúcar al gusto.

Entre las recetas tradicionales, resaltan algunas especialmente ligadas a esta zona de la sierra de Baza y altiplano granadino.

Gachas

1 hígado de cerdo
4 dientes de ajo
2 cucharadas de harina
1 cucharada de pimentón rojo dulce
200 gr. de tocino magro
Agua
Aceite
Sal

Cortar el tocino a tacos y ponerlos en una sartén al fuego con un poco de aceite, hasta que se fríen los retiramos y reservar. Cortamos el hígado de cerdo a trozos y salpimentamos. Freímos en la misma sartén. Una vez frito, retirarlo y reservar. Agregar la harina, dando vueltas para que tome color. Incorporar el pimentón y cuatro platos soperos de agua. Remover bien con la cuchara de madera hasta que se formen las gachas. Majar en el mortero el hígado frito y los ajos pelados. Se le añade el majado a la masa de las gachas.

Gurupina o Jaleo
2 kg de patatas
Chorizo (opcional)
2 tomates maduros
2 pimientos verdes
4 dientes de ajo
2 cebollas
2 pimientos *coloraos* secos
Laurel
Comino

Perejil
Sal
Harina
Aceite

En una sartén, freír el pimiento verde, cebolla, chorizo, tomate —todo troceado— y laurel. Cuando esté casi listo, agregar las patatas cortadas en dados y dejar unos minutos al fuego. Añadiremos agua y dejaremos que hierva hasta que las patatas estén tiernas y añadiremos harina poco a poco, e iremos removiendo hasta que espese con cuidado de que no queden grumos. Hay que tener en cuenta que al enfriarse tenderá a espesar aún más. Aparte, machacar en un mortero ajo, comino y pimiento rojo seco (un poco frito, sin que llegue a quemarse), perejil y añadirlo al guiso.

Tarbinas

(1ra versión)
Pan Harina
Aceite, agua y sal
Miel de caña

Freír el pan cortado en dados y reservar. Quitar el exceso de aceite y añadir agua con un poco de sal. Cuando hierva, ir añadiendo harina poco a poco a la par de que se mueve hasta obtener un puré. Añadir el pan frito y dar unas vueltas al fuego. Una vez en el plato, aderezar con miel de caña al gusto.

(2ª versión)
Matalahúva
Agua o leche (4 vasos)
Harina de trigo
Pan tostado
Almendras fritas
Azúcar o miel de caña
Sal

Se tuesta la matalahúva con un poco de aceite. Se le añade el agua o leche. Se le añade la harina y se mueven hasta que el resultado sean unas gachas blandas. Cuando estén cocidas solo se le añaden el pan y las almendras. Se sirven en fuente con el azúcar y la miel por encima.

CAPÍTULO XIII

CON FLORES A PORFÍA

El mes de mayo resaltaba en el calendario con entusiasmo y devoción. Mientras los campos quedaban henchidos de pétalos de amapolas al viento y los cereales empezaban a metamorfosear el verdor en oro, este mes de tardes largas y temperaturas amables, se dedicaba en muchos lugares a la virgen María.

María Sánchez solía hacer un altar con una talla de la virgen milagrosa, el cual las vecinas acompañaban con flores del campo, que ellas mismas cogían por los llanos y senderos. Aquella imagen mariana tuvo, en su origen, costumbre de ir entre las casas. Por la lejanía a la iglesia del pueblo, los habitantes de aldeas y cortijadas se turnaban la santa imagen de la virgen metida en una caja de madera, a modo de armarito, que, al abrirse, se veía a través de un cristal[111]. Era muy demandada cuando surgía algún malestar o se requería de un milagro. Entonces, en esa casa, la cajita era colocada en un lugar principal y se le rezaba, o se ponía al lado de la cama de algún enfermo hasta que se curase.

111. La Santa imagen de la virgen Purísima procedía de los talleres de Olot, en Gerona, muy famosos a principios del siglo veinte.

En 1936 sorprendió la guerra y los movimientos anarquistas contra imágenes religiosas. La virgen desapareció. Una vez terminado el episodio bélico, de buenas a primeras, la virgen empezó a circular por las casas como antaño. Esto se debía a que María Sánchez la había guarecido en el pajar, a riesgo de que la encontraran y la pudieran encarcelar o incluso algo peor, dado que su marido, Pepe Albarracín, estaba preso. En agradecimiento por este gesto, las vecinas decidieron dársela a ella como custodia. Desde entonces fue la encargada de montar dicho altar a la virgen.

Cuando terminó la guerra, en España se extendió el culto al Sagrado Corazón de Jesús. En la cercana localidad de Guadix, el obispo D. Rafael Álvarez Lara colocó una imagen de esta advocación en el campanario de la catedral, retirando la antigua veleta. En Gor, hacia 1957, el sacerdote Ángel Muñoz solicitó a la RENFE hacer uso de una de las pilastras del extinto puente de lata, a la entrada del pueblo, para visibilidad y plegaria de todo el que se acercara por la zona.

> «Ángel Muñoz Quesada, párroco -arcipreste de la villa de Gor, diócesis de Guadix, provincia de Granada, domiciliado en la calle Ancha, 6 a Vd con todo respeto tiene el honor de exponer:
>
> Que deseando colocar una imagen de Cemento y Mármol Blanco, del Sagrado Corazón de Jesús, de dos metros, con treinta centímetros, en las afueras de esta parroquia, siendo el lugar más adecuado la Pilastra, aún existente, del antiguo puente del ferrocarril de Gor, al lado de la trinchera, con límite con la actual carretera-vecinal, que sirve esta villa, lugar el más prominente y visible, al objeto que se pretende, solo y exclusivamente, de dar culto

público a la citada imagen, bajo esta hermosísima advocación, llevando de uno a dos metros de base, además de la pilastra, en forma de pirámide truncada, es por lo que a V acude en SUPLICA: se digne conceder y autorizar la erección en el lugar que se indica de esta imagen, a los fines dichos. En gracia de espera alcanzar de Vd cuya vida Dios guarde muchos años[112]».

El sacerdote subía a oficiar misa en días muy señalados. Cantos se entonaban que ponían en el cielo los salves y oraciones de la feligresía de la estación: «Con flores a porfía, con flores a María, que madre nuestra es». En aquellos años de mediados de siglo se recuerda a: D. Ángel, D. Emilio, D. Atanasio y D. Andrés. La eucaristía se celebraba en la antigua escuela, y María Sánchez sacaba sábanas bordadas como mantel del altar. También había un crucifijo que se colgaba, y las copas y las vinajeras también las ponía ella. Para lo demás, cuando el trabajo lo permitía, bajaban a la parroquia del pueblo. Mientras que las comuniones se celebraban en la propia Estación, los enlaces matrimoniales se oficiaban en la iglesia de Gor. Para la celebración de las comuniones también se contaba con la presencia del cura. María seguía siendo la sacristana, y para acompañar preparaba unos canapés y viandas. La primera comunión la celebraban allí tanto los niños del Cejo como de la estación y de las aldeas o cortijadas próximas. El alto índice de natalidad hacía muy concurridas estas celebraciones. Era muy popular bajar a Gor para la misa del gallo. Aquella noche, después de comer la cena de nochebuena en familia, en uno de

112. AHF: Petición del párroco de Gor, Ángel Muñoz el 24 de julio de 1957 para colocación de una imagen del Sagrado Corazón de Jesús en el antiguo puente de lata, sobre el camino de acceso al pueblo.

los camiones que estaban aparcados, se subían hasta llegar al pueblo. También para la procesión de San Cayetano, el 7 de agosto, o San Blas, el 3 de febrero.

Fotografía del enlace matrimonial de José Ibáñez Navarro y María Albarracín Sánchez[113]

113. El 21 de noviembre de 1953, se casó en la parroquia de Gor María Albarracín Sánchez, hija de Pepe Albarracín y María Sánchez, con el ferroviario José Ibáñez Navarro. Acompañan como padrinos, el hermano del novio, Bartolomé Ibáñez, y su mujer, Sebastiana. El vestido de novia solía ser negro si había habido algún fallecimiento reciente en la familia. En este caso, fue como duelo por la muerte de su hermano Modesto, un año antes.

Fotografías realizadas en los años de 1966 y 1970[114]

114. La primera: Comunión. Hijos de María la Trenera: Manolo, Pepe, Antonia, Maruchi, Rosendo y Ani. Fotografía realizada en la estación de Gorafe y cedida por familiares de María.
La segunda: Comunión del hijo de Encarna y Raimundo. En medio, el sacerdote D. Andrés Gea Arias. Cedida por Encarna.

En San Blas, los jóvenes que estaban de mocitos hacían meriendas en el campo y por la noche encendían hogueras. Bailes, cantes y siempre un ritmo festivo. En el cortijo de Picograjo, las fiestas se hacían en la plazuela del pozo. Los niños seguían el compás con el almirez y las cucharas de plata que encontraban. Las fiestas que se hacían propias de una aldehuela u otra eran intercambiables y comunes entre todos ellos.

La fiesta más grande era la de San Cayetano, patrón del pueblo. Estrenar era una obligación. En esta temporada las modistas y costureras como Julia o Aurelia no cesaban de hilvanar para que quedara todo listo. Camisas, vestidos, pantalones... el fresco verano en Gor se ambientaba con farolillos y verbena en la plaza. La banda de música era conocida por su experiencia y calidad. También se hacían encierros y corridas de toros[115].

En cambio, la efeméride que más podía marcar la vida de un hombre en aquella época era «medirse». Los llamaban a medirse a los quintos que iban a hacer el servicio militar. Joaquín Albarracín recuerda que su abuela Leocadia[116] le regaló unos zapatos nuevos y le dio trescientas pesetas para cuando se fuera a la mili. Todos se medían con veinte años y la mili la hacían a los veintiuno. Todos sus hermanos la hicieron en Granada. Pepe en Capitanía, Joaquín en automovilística, Luis en veterinaria y Antonio en ferroviarios. Cuando uno se medía había cinco días de fiesta[117].

115. La plaza de toros de Gor se construye sobre el palacio de los duques de Gor, de 1571, que para el siglo XIX había quedado en ruinas por su abandono. A partir de 1964 se inaugura como plaza de toros.

116. Madre Leocadia.

117. En alguna broma, Rosendo, que era quinto de su hermano Modesto, le quitó el reloj. A los días de haber oído la noticia de

Fotografía realizada en 1951 en la estación de Gorafe[118]

su muerte, se presentó en la tienda y le entregó el reloj a su padre, Pepe Albarracín Baraza.

118. En la primera: (de izquierda a derecha) Modesto Albarracín Sánchez, una prima, María Albarracín Sánchez, Amalia Albarracín Cano y José Ibáñez Navarro.

La casa que se convertía en una fiesta era la del viejo Juan Morales. El hombre había improvisado una tabernilla en su propio salón. Echaba su lumbre cuando arreciaba el invierno y sus invitados estaban tan a gusto con él jugando a las cartas. A este cenáculo acudía Carmelo Alcaide, Joaquín Albarracín o Raimundo Moya. Allí había una botella de vino que cada cual se servía según su prudencia. Al finalizar el encuentro, Morales decía: «choquerzuela[119]» para que le dieran algo de propina por el rato tan ameno que habían disfrutado. Había una ley no escrita de que quien ganara a las cartas le daba dos o tres pesetas. Y él tan contento. Juan vivió solo. Se hacía de comer y se ocupaba de su casa. Cuando caía enfermo, eran las vecinas las que lo atendían, aunque el hecho de que una mujer entrara en casa de un hombre solo (por muy mayor o incapacitado que estuviera) no estaba bien visto por los maridos. La mujer de Carmelo Alcaide, Asunción, por vecindad, le llevaba caldo algunos días. Con el tiempo, fue perdiendo visión y era un tanto peliagudo el manejarse autónomamente en las tareas del hogar. Un día, las hermanitas de los ancianos desamparados de Baza llegaron a la estación de Gorafe y se acercaron a la casa de Juan. Este decía estar bien, porque mientras tuviera botijuela y cuelgue, no pasaba faltas[120]. Pero al poco aceptó irse, y fue atendido en el final de sus días por esta congregación de religiosas.

En la segunda: En la parte superior se encuentra Antonio Albarracín Sánchez junto a su hermana María. Entre los integrantes del grupo destacan Juan Ramírez y Rufina, y José Ibáñez Navarro.

119. El término más aproximado a la desviación de la fonética es «choquezuela». Ignoro la atribución o aproximación semántica que Juan hacía de esta palabra.

120. Con botijuela se refiere al vino, y con cuelgue, al jamón.

CAPÍTULO XIV

PIZARRINES

La verdadera patria del hombre es la infancia
Rainer María Rilke

En España no existía sistema escolar hasta la Ley Moyano, bajo el reinado de Isabel II, donde se promovía la construcción de escuelas y la asistencia del alumnado de forma obligatoria y gratuita. Es en la Constitución de 1812 la primera vez que se dedica con claridad un título a la necesidad de vincular a los españoles en un método escolarizante para paliar la alta tasa de analfabetismo[121]. En el censo poblacional de Gor de 1932 y 1945 antes mencionados, se indica en cada casilla si sabía leer o escribir, hecho que dotaba a la persona de cierta individualidad y autonomía.

Antonio Albarracín Sánchez (1929), cuenta que antes de formarse la escuela en aquella manzana de casas de jornaleros, peones y trabajadores de Peregrín, existían maestros que iban a sueldo por los cortijos y aldeas, y eran los que

121. Y con esto los abusos que conllevaba por parte de los letrados corruptos, interpretando la ley ante el mejor postor, y aprovechando la desventaja del conocimiento que la gente tenía y hacía sobre la legislación que les afectaba.

instruían las lecciones, normalmente a los niños, puesto que a las niñas se les enseñaba en las tareas domésticas.

Entre estos maestros destacó don Antonio. Las lecciones, entonces, consistían en la resolución de problemas y otras nociones esenciales. Después de esto, fue mandado a las escuelas del Ave María en Granada. Su hermano Modesto (1931) fue a Baza, y su hermana María (1933) estuvo en Granada en una escuela de señoritas dirigida por unas monjas[122].

Era inusual en aquellas comunidades del valle asistir a la capital para obtener formación académica. Quien sí destacaría dentro de este ámbito sería Rufina Pérez López (1923). Su padre era Antonio Pérez Lozano, terrateniente en Gorafe. Ella se matriculó en la universidad de Granada para estudiar farmacia. Al conocer a Juan Ramírez, su padre le instó a dejar los estudios y hacer una adaptación rápida de un año en la Escuela Normal de Granada para ser maestra[123]. La guerra la pasó en la capital y no pudo pasar la trinchera dado que se encontraba en bando nacional, mientras que Gorafe permaneció leal a la república. Sin comunicaciones con sus familiares, acogida por las monjas del convento donde residía, pasó aquel tiempo con complicaciones y muchas veces atendida por la solidaridad de sus compañeras.

Rufina, junto a Juan, vivió en la casa para los maestros. Allí tuvo a sus tres hijos, y al poco de nacer el último se trasladaron a Baúl, donde su padre había adquirido unas tierras

122. Aunque María insistió en quedarse allí porque aprendió a tocar el piano, lo cierto es que los sabañones que le producían el frío invierno en las condiciones en las que habitaban el internado eran difíciles, y María Sánchez sacó a su hija de allí aprendiendo a leer y escribir.

123. Pues como iba a casarse con Juan, tenía que adoptar un papel más de esposa, por lo que maestra era más ideal.

y había construido dos casas —una para cada hija— lo que hacía que tuvieran más amplitud y comodidad en comparación con la pequeña casa de maestros. Después de trabajar aquellos cursos en la estación, se marchó a Baúl donde siguió ejerciendo su profesión. Por aquel entonces, solía variar el destino, por lo que estaban solamente uno o un par de años. Los nombramientos se publicaban en el diario *Ideal* y entre los maestros que aparecieron citados, se recogen:

«Cándida Guzmán Lorente. 30 septiembre 1950.
Piedad Raya López. 20 de octubre de 1950.
Matilde Lozano Torres. 27 de septiembre de 1960.
Joaquín López Sáez. 26 de noviembre de 196.
María del Carmen Moreno González. 23 de junio de 1967.
Antonia Rosas Medialdea. 16 de septiembre de 1970.
María Fernández García. 24 de julio de 1969.
Inmaculada Requena Navarro. 12 de octubre de 1969».

Estos maestros seleccionados podían ocupar la plaza o no dependiendo de sus circunstancias o intereses. La escuela en La Estación siempre tuvo una casa donde poder vivir el maestro o la maestra destinada. En 1963, la comunidad sufragó los materiales y, en una nueva ley de Franco, empezaron a hacer escuelas de nueva planta más modernas. En La Estación, utilizaron un lugar previsto entre la casa-cantina de Pepe Albarracín y las casillas de la báscula, frente al almacén del trigo.

Fotografías de los escolares de la estación a mediados de siglo[124]

124. En la primera: entre el grupo de mujeres destaca (izquierda a derecha) 3º Rufina Pérez, 4º Enriqueta Ramírez, 5º Maruja Moya Albarracín. Con el resto de alumnos de la escuela en un día de nieve. Cedida por familiares de Maruja Moya Albarracín.

En la segunda: grupo de escolares en la puerta de las nuevas escuelas, junto a la casa y tienda de Pepe Albarracín.

La tienda de Pepe era muchas veces el complemento a la escuela, pues en el abastecimiento de ultramarinos también vendía material escolar, papelería y, lo más importante, chocolate y dulces para las meriendas. Así lo recuerda Mari Rodríguez, hija de Aurelia:

> «Era un lugar muy populoso. Recuerdo comprar una libreta de 1 peseta, un bolígrafo, lápices de colores y chocolate para las meriendas. Vendía también caramelos y chicles y los niños estaban deseando ir para comprar. Pepe era muy educado».

Entre esta clientela juvenil también se encontraba Nieves Luna, hija de Antonio y Piedad, quien acudía a la tienda mayoritariamente para comprar material de papelería para el colegio, pues su familia hacía la compra en el Economato. Al preguntarle por sus recuerdos, acerca de su paso por el colegio de la estación, dijo:

> «De la escuela me acuerdo que entrábamos por la mañana rezando el padre nuestro y al rato salíamos al recreo y jugábamos a los capitanes que era similar al balonmano y también a la raya Francia, que era poner cinco piedras a un lado y al otro con dos equipos y el primero que se quedaba sin piedras perdía. También jugábamos a la rayuela y cuando venía el correo, doña Rufina nos decía a uno o a una que fuéramos a por la correspondencia, y cada uno nos llevábamos la nuestra o la de los vecinos. Además, me acuerdo cuando nos daban la leche en polvo[125] y en el invierno, que hacía tanto frío, nos tiramos

---

125. Durante los años 1950 y 1960 llegó el Plan Marshall a España, un proyecto de ayudas para reconstruir Europa tras la Segunda

en una lata brasas para calentarnos y en el recreo ya nos veías a todos buscar carbón para que no se nos apagara».

En los ocho años que estuvo escolarizada Mari en la estación, vio pasar un desfile de maestras por su infancia que no olvida. Rufina, Auria, Mari Carmen Morales —la cual propuso un belén viviente y vinieron paisanos de Gor a verlo—, Paquita Gálvez —casada con José, jefe de almacén—, Carmen, Pilar —casada con Pepe Albarracín hijo—, María Luisa y Carmen —casada con Joaquín Albarracín—. El colegio fue siempre mixto y las niñas llevaban un uniforme de falda de pliegues que Aurelia muchas veces cosía, preparaba y reparaba.

Cuando los barreneros trabajaban, les estaba prohibido a los alumnos salir al recreo, debido a que estaban dinamitando la trinchera y salían disparadas piedras como proyectiles. Algunos alumnos de entonces aún recuerdan cómo de estrepitoso era el estruendo causado por las explosiones, parecido al «caer bombas» como en la guerra.

Una de las maestras, Pilar, estuvo durante el curso 1965-1966. Entabló gran amistad con la familia de Raimundo y Encarna[126]. Recuerda que las lecciones se daban con la Enciclopedia Escolar: un compendio de varias asignaturas y enseñanzas elementales que el alumnado debía aprender por

---

Guerra Mundial financiado por Estados Unidos, para mantener afines en el bloque capitalista a los aliados europeos durante la guerra fría. En nuestro país se materializó con el ofrecimiento de leche en polvo a los niños.

126. Llegando a pernoctar en casa de estos, dado que una mujer sola, aunque disponía del apartamento de los maestros que llegaran, era preferible que se sintiera más resguardada en aquel páramo aún por conocer para ella.

niveles. Estas eran: Doctrina cristiana, Gramática, Aritmética, Geometría, Geografía, Historia de España, Instrucción cívica, Higiene, Conocimiento útil y Dibujo.

Las clases se daban mañana y tarde de lunes a viernes, y sábados por la mañana. En aquel curso habría unos veinte escolares de distintos niveles. Existía una planificación para aprovechar el tiempo y sacarle el máximo rendimiento. Mari afirma que Pilar fue la que les enseñó, además, algo de francés. En las clases de la tarde a los niños se les impartía dibujo, y a las niñas se les enseñaba a coser y religión.

Los pequeños utilizaban pizarrines y los grandes, libretas. Aprovechando que la escuela era nueva, también trasladaron el culto religioso de las misas allí, colgando un crucifijo en medio de la sala[127].

Un día avisaron que Franco iba a pasar por la carretera en comitiva hacia Baza. Entonces hicieron banderitas de España y los niños estuvieron toda la mañana esperando a que llegara para saludarlo desde lo lejos. Tras la mañana de paciencia se avistó la comitiva, que no duró más que medio minuto en pasar por la carretera. El adoctrinamiento era doble: católico y patriótico, siempre visto desde el punto de vista del régimen. Se entonaba de igual forma el cara al sol que el padre nuestro, aunque al estar la estación «aislada» del murmullo de un pueblo o ciudad, no se terminaba de institucionalizar el perfil de los vecinos, cuyo fin primero y último era trabajar para poder vivir y descansar, ajenos a la política. Las veces que pasaba de ronda la Guardia Civil por allí era para sentarse en la cantina de Pepe Albarracín y comer a gastos pagados. En algunos ámbitos aquel era un tiempo de pleitesía.

---

127. Pilar comenta que cuando apareció D. Ramón, el inspector, lo primero que dijo fue que había que retirarlo inmediatamente.

Grupos de alumnos y alumnas de La Estación y el Cejo, frente a la escuela nueva. Década de 1960. Cedida por Pilar.

Cuando el colegio se cerraba en los meses de verano, otros niños llegaban a la estación para disfrutar de las vacaciones. Este era el caso de los hijos de María Albarracín Sánchez. Aunque vivían en Baza, estaban estrechamente ligados a aquella casa de los abuelos Pepe y María. No solo acudían en el estío sino también en Navidad y para el día de San José, onomástica muy señalada en la familia.

Fotografía tomada en la década de 1960[128]

128. De izquierda a derecha: (arriba) Pepe Albarracín hijo, Pepe Albarracín, Joaquín Albarracín, D. Julián —jefe estación—, Raimundo; (abajo) Luis Albarracín, María Sánchez, Encarna, Pilar e Isabel —mujer de Julián—. En la puerta de la casa de María Albarracín Baraza, en la onomástica de San José.

Fotografía tomada en la puerta de la tienda de Albarracín en 1959, junto a uno de los camiones[129].

Pepita Ibáñez recuerda pasar aquellas temporadas con los abuelos en La Estación. Algunas veces asistía al colegio, pues en Baza se empezaba el curso más tarde. Ayudaba en la tienda y a su abuela. Francisco, por su parte, recuerda ir recopilando pesetillas que su abuelo tenía por la tienda, con la idea de ir guardándolas en un tronco seco que había en la cuadra. Un día, hacía falta leña, y mandaron cortar el tronco. Al primer hachazo, saltaron todas las pesetas para enorme sorpresa. También recuerda la ayuda de Dionisia cuando iba con los cántaros a por agua a la fuente. Una noche de verano, su abuelo le dijo que se podía convertir en una estrella. Incrédulo el niño le replicó que cómo podía ser eso cierto. Entonces Pepe Albarracín le dijo que cerrara los ojos y cuando los abriera él ya sería una estrella. Francisco abrió los ojos y su abuelo no estaba: «¿Abuelo?, ¿abuelo eres una estrella?». Eran muchos los juegos que se hacían en La Estación.

129. De izquierda a derecha: Pepe Albarracín Baraza, hijo de Salmerón, Pepe Albarracín hijo, Francisco Ibáñez Albarracín, niño y Pepita Ibáñez Albarracín.

Fotografías en la Estación, 1968[130]

130. Primera: Guillermo y José Luis Ibáñez Albarracín.
Segunda: José Ibáñez Navarro y sus hijos Pepita —con Estrella en brazos—, Francisco, José Luis, Guillermo y dos vecinos más. De espaldas sentado Juan Morales.

Fotografía obrada en 1968[131]

131. La primera (izquierda a derecha): Antonio Ferreira, Francisco, Guillermo y José Luis Ibáñez Albarracín, Juan Morales. Al fondo José Ibáñez Navarro. En la puerta de la cantina de Pepe Albarracín. La segunda: Francisco Ibáñez Albarracín, Encarna con sus hijos, María Albarracín Baraza y Guillermo Ibáñez Albarracín.

CAPÍTULO XV

EL ÉXODO

En la década de 1960 tiene lugar en España el desarrollismo, generando la industria de algunas capitales como Barcelona y Bilbao nuevos puestos de trabajo. Por tanto, se convirtieron en los focos elegidos por pequeños núcleos de población con menos oportunidades laborales, o que ofrecían un salario mayor al que podrían conseguir en estas regiones. Junto a esto, también el turismo estaba despegando, siendo el destino favorito de muchos campesinos las islas Baleares para trabajar durante la infatigable campaña de verano. Al movimiento de los que finalmente optaron por abandonar sus pueblos masivamente para mudarse a las ciudades se le denominó éxodo rural.

En la Estación de Gorafe, el que hizo todo aquello posible fue el tren. El que tantas veces, diariamente, había traído el periódico y seguía su ruta hasta Barcelona, esta vez llevaba consigo algún vecino que buscaba una nueva vida. En el andén, con maletas de cartón y cargados de bártulos, entre lágrimas y sollozos, se despedían.

A un ritmo imperceptible empezaron a vaciarse las cuevas del Cejo. Ya no entraba tanta gente por la puerta de la tienda de Pepe Albarracín. La libreta de fiar prescribía con cada familia que migraba, y él, tachaba la deuda, aunque quedara sin pagar.

Primero se iba un hijo. Luego se iba un hermano, y después otro. Al final estos hijos encontraban trabajo para sus padres y el resto de hermanos. Se iban todos. En Picograjo, algunos hijos de madre Leocadia se habían marchado a Barcelona también. Mercedes Sánchez, hija de Leocadia (nieta de madre Leocadia) comenta sobre este episodio.

> «En 1970 nos fuimos, directamente, a Barcelona. Era un transporte que había de día y medio hasta llegar. Una furgoneta que llevaba a los vecinos. Llevaba varios pasajeros. Llevábamos lo mínimo. Nada de sobras. Encontramos un piso de alquiler en el barrio de El Clot. Nos pusimos a trabajar cuatro hermanos allí, y yo era la responsable de todos. Hacía horas extras. Catorce horas, y todo para mí. Al principio sin lavadora. Lavaba a mano en el fregadero: las sábanas, toallas, ropa de toda la casa… Trabajábamos en lo que se presentaba. Mi primo Antonio me consiguió un trabajo en SEAT. Yo cosía el tapizado. Ahí eran ya ocho horas de jornada. Ganábamos como los hombres. Entonces empezamos a crecer económicamente. Me jubilé allí. Otros dos hermanos se sacaron carrera. Estudiaron psicología. Yo estudié medicina alternativa, acupuntura y naturopatía, después, una vez más asentados.
>
> Mi padre no quería irse. Era un cambio muy brusco. Se fueron porque yo los obligué. Ellos estaban los dos solos aquí en el pueblo. Después se compraron un piso y ya nos pasamos a este a vivir».

Allí la mayoría de las casas contaban con unas comodidades desconocidas para ellos: suministro de agua corriente, luz e incluso aseo. Al haber red eléctrica, la radio o la televisión no precisaban baterías, por lo que era más satisfactorio también. Pero lo que causó una auténtica revolución en el ámbito doméstico fue la lavadora. Ya no era necesario bajar a la fuente cargada de cestos de ropa y pasar frío en invierno con el agua congelada: ahora simplemente había

Fotografías realizadas en 1970[132]

132. La primera: Mari Rodríguez, con su padre Moisés y su tío Graciliano. Cedida por Mari Rodríguez. En Barcelona.
La segunda: Leocadia Sánchez Hernández, hija de Madre Leocadia, en su piso de Barcelona tras la emigración. Los balcones de la gente de los pueblos se llenaban de flores y macetas, rescatando entre el hormigón y el ladrillo aquellos rincones que tanto amaban y recordaban a sus raíces. Cedida por Mercedes, hija de Leocadia.

que introducir las prendas en un cubilete y esperar un tiempo hasta que hiciera el trabajo por ti. Un sueño cumplido. Los que migraron no solo encontraron trabajo, también encontraron una realidad más cómoda y satisfactoria que actualizaba sus prioridades.

Cartas de familiares de Gerona, de Tarragona, de Lleida, llegaban a la estación contándoles lo bien que les iba y el dinero que estaban ganando, lo cual no estaba exento de sacrificio. La gente siguió mudándose a la gran ciudad. Se podían permitir comprar un apartamento moderno en un lugar con todos los servicios: hospitales, administraciones, tiendas de ropa, de alimentación, parques, etcétera. Sobre este asunto Nieves Luna afirma:

> «RENFE les puso un vagón a mis padres y estuvo un mes para guardar los enseres. El vagón se mandó a Granollers donde emigramos. Al principio se fue mi hermana que encontró trabajo y se casó. Luego fue otra, luego otro, y al final la familia entera».

Los tiempos estaban cambiando, y las personas que vivían en la Estación, el Cejo y resto de aldehuelas tuvieron que adaptarse a ellos. El último en vivir allí fue Miguel Piernas. Los demás empezaron a trasladarse a localidades cercanas: Guadix, Granada, Baza o Gor. La tienda se cerró cuando Pepe Albarracín se jubiló. Estuvo al servicio de varios Peregrines, hasta el final. A pesar de eso, aún siguieron habitando un tiempo la casa, en las circunstancias en las que estuvo siempre: sin esa agua ni luz que tanto disfrutaban los pisos de vecinos de nueva obra.

El almacén del trigo también dejó de funcionar. La falta de niños obligó a cesar las clases en la escuela. Todo empezó a fragmentarse sin que nadie pudiera remediarlo. Los camiones difícilmente pasaban ya por allí. La democracia se encontró las puertas abiertas y la estación vacía.

Pero el futuro estaba al caer y se planteó hacer una autovía que pasara colindante (la A-92). Se empezó a construir un puente por fin firme, que pareció no temer a la extensa problemática a la que la red ferroviaria tuvo que hacer frente décadas atrás. En este caso, los materiales permitían ser solventes y eficaces como para retar la bravura del arroyo de Gor. Con la modernidad, empezaron a reducir la plantilla de guardabarreras. Los puestecillos que ocuparon en su día Robles, María la del paso, Piedad y Carlota García, El Rulo, etcétera, ya quedaban como testigos de un tiempo pasado.

Y mientras todo iba avanzando, los vecinos que quedaban sufrieron un duro golpe: el cierre de la línea Almendricos el 1 de enero de 1985. Durante aquellos años, RENFE había contraído un déficit importante debido al atractivo parque automovilístico con el que competía. Algunas líneas fueron consideradas *altamente deficitarias*[133], lo que condujo a su clausura. Novecientos kilómetros de vías dejaron de funcionar desde aquel año en toda España. Algunas líneas vecinas de la región que sufrieron el «cerrojazo» fueron:

Vadollano – Linares (15 kilómetros).
Jaén – Campo Real (121 kilómetros).
Guadix – Almendricos (161 kilómetros)[134].

---

133. Aquellas que no podían subsanar de sus cuentas el 23% de los costes generados a partir de los ingresos que obtenían.

134. Comunicaba las comarcas del Almanzora, Levante, Guadix y Baza, siendo una de las más grandes e importantes en el mapa ferroviario.

Sin embargo, algunas estaciones andaluzas pudieron evitar el golpe acordando conciertos y subvenciones con la Junta de Andalucía, como fueron:

Granada – Bobadilla (123 kilómetros).
Utrera – La Roda (110 kilómetros).
Gibraleón – Ayamonte (49 kilómetros).

Baza, aislada en plena línea entre Murcia y Guadix, se manifestó intensamente denunciando el desamparo al que quedaban expuestos, como el resto de localidades donde se había puesto el rendimiento y beneficio económico por encima del impacto social que generaba.

El tren, hasta 1985, a golpe de nieves, soles feroces, lluvias torrenciales o desprendimientos en la vía, hizo incansablemente su trabajo, como un corazón que no podía parar de latir. Ahora, ochenta años después, le acomete un infarto que asesta mortalmente la vitalidad de aquel altozano mermado y perjudicado. Un mes antes de que aquello se produjera, falleció el 2 de noviembre de 1984 Pepe Albarracín. De algún modo, su vida y la del ferrocarril en aquel páramo estaban unidas y, por ende, llegaron a su fin juntos.

La estación se cerró y las casas empezaron a deshabitarse. Los hermanos Cortés compraron a Peregrín el almacén del trigo para guardar los recambios y chatarra de los coches. También la nueva escuela. Las frágiles casas de los trabajadores, donde habían habitado Fandila Mena, Paco de *vías y obras*, Salustiano, etcétera, empezaban a ir desmoronándose una por una.

Fotografía de la construcción del puente nuevo
en el arroyo de Gor

En una entrevista que Jesús Ginés le hizo en 1991 a María Albarracín Sánchez, esta resumía aquellos recuerdos:

> «Me acuerdo de la estación de Gorafe. Hemos trabajado mucho, hemos tenido tienda, labor, campo, carros, luego camión, de todo. Siempre trabajando. No hemos podido divertirnos, a excepción de los bailes que hacían en sus casas los vecinos. Solo existían las fiestecicas del pueblo: entonces había que estrenar el traje y a divertirse. Se acababan las fiestas, se acababan las diversiones. A diferencia de hoy. De modo que me acuerdo bastante.

Cuando llegaba el invierno estábamos siempre de matanza. Se compraban los cerdos delgaícos, para engordarlos y matarlos, y así venderlos en la tienda. Aquello era como un mercado, se vendían cosas de comer y de beber. Ahora ya, desierto, da miedo de estar allí.

En mi época solo hacíamos lavar bien lejos, amasar buenas sacas de harina, a matar buenos cerdos… es que es la vida cualquier cosa. Entonces no había adelantos. Por no haber, no había ni coches. Cuando yo me casé —(1928)— había solamente en el pueblo nada más que uno, que lo llevaron a la estación de Gorafe. Ahora hay teles, coches, radios y de todo. En aquella época no había nada. Cuando yo me criaba chica, solo había carros que iban por la carretera. No había ni tren. Comíamos naranjas porque iban muchos carros repletos. La vida ha cambiado mucho, y lo que cambiará. No había adelantos. Después de la guerra no había nada de qué comer. Nadie tenía nada. Había muchas faltas. Nosotros vendíamos por las cartillas de racionamiento lo que le tocaba a cada uno: el pan, el azúcar, el aceite, lo que teníamos que repartir».

Ella fue testigo de principio a fin de esta historia. Vio nacer y morir el tren. Su casa fue allanada y expoliada. Aunque la puerta se cerraba y con frecuencia los familiares pasaban por allí para vigilarla y seguir disfrutando del intacto recuerdo, aún cercano, la forzaban continuamente. Robaron los muebles, las rejas y las barandas. El rótulo azulejado de la estación fue apedreado y el edificio vandalizado. El abandono se cebó y ya solo quedaba el eco de los coches pasar por la nueva autovía como un relampagueo amortiguado entre las colinas.

CAPÍTULO XVI

LA MEMORIA

Procura tú que tus coplas
vayan al pueblo a parar,
aunque dejen de ser tuyas
para ser de los demás.
Que, al fundir el corazón
en el alma popular,
lo que se pierde de nombre
se gana de eternidad.
Manuel Machado

Nada de lo que aquí he escrito hubiera tenido relevancia sin la estima e incondicional ayuda de tres mujeres a las que, como un rayo de luz, se posaron sobre estas letras e hicieron brillar el pasado de aquel lugar que tuvo como nombre Estación de Gorafe. La primera mujer es Mari Rodríguez, la hija de Aurelia, cuya memoria intacta ha aguardado durante todo este tiempo todas las vivencias e impresiones, como culto a un almanaque del que no se quiso deshacer; Leticia Martínez, la archivera del Archivo Histórico Ferroviario, quien desde el primer momento ha hecho posible dotar de aspectos técnicos desconocidos este informe y poder darle consistencia a las experiencias recogidas; y, por último, a mi abuela, María Albarracín, y en su nombre su propia madre María Sánchez —la abuela María—, quien fue la última propietaria de la tienda de ultramarinos de la Estación y por quien las siguientes generaciones de Albarracines sintieron aquel lugar como una brecha abierta por donde discurría la hechura de su infancia.

En una comida familiar, Pepita Ibáñez dijo que si cerraba los ojos se acordaba perfectamente de quién vivía en cada casa. Recogido el guante nació este testamento, que durante meses he ido proveyendo y conectando con aquellos habitantes que tuvieron la fortuna de tener en sus vidas un compartimento donde se refleje el brillo de aquel sol, la frescura de aquella agua, o los ecos de las tardes de cosecha donde los segadores improvisaban una sinfonía. La sinestesia que Nieves Luna me aportó en su testimonio; la mirada de Joaquín Albarracín hablando de su abuela Leocadia: «es como si la estuviera viendo», o el ánimo con el que su hermano Antonio, veterano en aquella aldea y ferroviario auténtico, puede aún anotar el número de cada tren que corrió por allí como un desfile por la memoria.

De aquel sitio ya no queda más que el esqueleto de las casas, alzadas como fantasmagóricas siluetas de lo que un día fueron. La vieja escuela terminó por caerse, al igual que la manzana de casas que Peregrín dispuso para sus peones y jornaleros. Las techumbres de la estación han cedido y las vías fueron trasladadas a otro sitio. Solo el balasto continúa esparcido como un camino marmóreo indefinido que atraviesa en canal las entrañas de un poblado desierto.

Los vecinos que en su día emigraron ahora vuelven a sus casas y cuevas en el Cejo, cada año, para Navidad algunos y para San Cayetano el resto. Y pasean por aquel espectáculo del recuerdo y la añoranza, poniendo en la retina a las personas que allí se encontraban, cada uno en su puesto, como piezas de un engranaje, como soldaditos obedientes en garita.

En los estantes, que un día estaban colmados de abastos y alimentos, ahora han puesto unas botellas vacías como si fuese un bar. Algunas personas se cuelan y fotografían considerándolo un escenario del lejano oeste. En el revuelto de escombros que se ciernen sobre los suelos que tantas veces barrió Pepe Albarracín ya solo se espera el desplome.

El cortijo de Dionisia se sombrea como un naufragio varado del que solo se mantiene firme el mástil. La fuente Vicario está seca. En agosto de 2020, familiares de Manosnegras (Carmelo, Dolores, Asunción, Matilde y Esperanza) la limpiaron y sanearon, devolviéndole un efímero esplendor. Ahora, atrapada entre una masa de zarzales, solo se avistan los vestigios de los lavaderos en línea, cuyas pilas son enjambre de hojarasca. Los juncos se alzan como las lanzas en el cuadro de Velázquez. Picograjo, aún cerrado, sigue en pie. El pozo conserva la cuerda y la polea inadvertidas al paso del tiempo. En el Puente Chico se mantiene la caseta del guardabarrera. Han puesto una placa, recientemente, con los nombres de quienes allí trabajaron. Se han olvidado de incluir a Piedad García Gámez. Sean, en consecuencia, estas letras testigo fiel a su memoria.

Fotografía que realicé en 2021[135]

135. Primera: Vista de la casa-cantina de Pepe Albarracín y casa de María Albarracín. Al margen izquierdo, antigua escuela.
Segunda: interior de cantina.

Fotografías que realicé en mayo de 2023[136]

136. Primera: antigua casa de Juan Morales.
Segunda: estación de tren.

Fotografías que realicé en mayo de 2023[137]

137. Primera: Cortijo de Dionisia sobre la fuente Vicario. Segunda: Cortijo Picograjo.

Fotografías que realicé en julio de 2023[138]

138. La primera corresponde a una vista de la calle del Cejo. La segunda con el estado de abandono de la fuente Vicario. En la foto se aprecia lo que quedan de los lavaderos. La fuente se ha secado y los matorrales la ocultan.

Llegará el día en que la gravedad y el tiempo sigan mermando los muros hasta derrotarlos. En el que la vegetación empuje y sitie los edificios. Como en una involución declarada, aquel asiento sereno al margen del camino, cerrará un paréntesis en su historia para volver a la tranquilidad centenaria que lo definía. Las retamas se harán árboles donde descansar los pájaros. Algún pastor bordeará el otero asintiendo la caída de la aldea, asediada por las fracturas y siendo acopio de tejas rotas. Las vigas se abrirán como abanicos desnudos. Todo habrá terminado. En cambio, estos recuerdos se mantendrán como una llama perpetua, y pasearán entre generaciones, arrinconando aquel mundo tan lejano y diferente al nuestro en un eterno páramo en estío.

Fotografía realizada en la puerta de la estación, 1984[139]

139. Izquierda a derecha: Pepita y Francisco Ibáñez, María Albarracín Sánchez con su nieto Alberto, Juan Carlos Ibáñez, Pepe Albarracín Baraza y María Sánchez Hernández.

EPÍLOGO

Pongo cuidadosamente sobre el escritorio todos los documentos encontrados durante la redacción de estas páginas. Son los tesoros permitidos que no ha devorado el tiempo. Vienen de allí, de la Estación de Gorafe. Se ocultaban entre el polvo y el palomino que alfombran los viejos suelos hidráulicos de la cantina. Reviso el libro de fiar de 1940. Doy con el nombre de Antonio Luna. Se lo comento a su hija Nieves, quien encontré gracias a Mari —hija de Aurelia— y quien ha participado con su emoción, y de corazón, en este proyecto. Compró vino, pan de higo y horchata. La suma asciende a 20,40 pesetas. Está pagada. El hermano de Pepe, Diego Albarracín, compró unas alpargatas a 5 pesetas. También cabe la última compra que su otro hermano Antonio hizo en la tienda, antes de que fuese abatido en 1941: pan y tabaco. De aquel calzado se han podido recuperar algunas piezas, cuyas suelas se han carbonizado. También se encontraron botes minúsculos con aceite de ricino, y un fragmento de la veleta. Conservo las cajas de botones y un par de tarros de cristal que anidaban telarañas sobre los estantes del mostrador.

Los cuadernos de caligrafía que tanto ayudaron a aprender a escribir en aquel lugar a niños y niñas parecen intactos. El tío Joaquín apuntó en la ficha de la estación meteorológica las lluvias acumuladas de 1973, con precipitaciones únicamente en mayo y junio. Las facturas de la década de 1950 seguían en sus sobres, con su correspondiente justificante de pagaré del Banco Hispano Americano y Banco Popular Español. Asimismo, aún encuentro también una carta escrita en 1952 por su primo de Villanueva de las Torres, Antonio Sánchez Albarracín, la cual empieza con un afectuoso «querido tito Pepe». Las tarjetas de visita pululaban entre los escombros, al igual que las postales y los sobres azules donde se podía leer: José Albarracín Baraza. Ultramarinos, perfumería, bebidas y transportes. Estación de Gorafe (Granada).

A las cartillas de racionamiento de 1952 aún le quedan cupones de arroz y aceite. Los últimos documentos que hallé fueron recibos de exacciones municipales de Gor, arbitrios de 1965 a 1979 por tenencia de caballerías y cabezas lanar y cabrío. Concretamente dos cabras, por las que se pagaron 20 pesetas. No cabía desamparo alguno a las normas que se impusieran. Todo era contabilizado. La gestión de la hacienda era serena.

Cuando el declive se pronunció y las casas eran cascarones vacíos, la popularidad la ganó el porche. Aquella terraza en techumbre era el punto neurálgico donde nos reuníamos a almorzar los fines de semana. De niños, sacábamos las sillas a la praderita que hay justo enfrente de la casa y, echando una sábana vieja o mantel por lo alto, hacíamos tiendas de campaña donde poder jugar o echar la siesta. Se cantaba, se bailaba y se bromeaba. De vez en cuando aparecía algún pastor con su ganado. Cuando aún estaban las vías, paseábamos por ellas. Y a cada paso, se albergaba la profunda nostalgia de un pasado acaudalado de remembranzas que brotaban, como la hendidura de una herida abierta, a borbotones.

Aquel páramo se decretó como una cortijada abandonada. No hubo oportunidad que lo resguardara bajo un mejor fin, sin suministros, lejana de todos.

Fotografía familiar en la puerta de la casa, comiendo un domingo de 2003. En la segunda, en el Cejo con el puente nuevo sobre el arroyo de Gor al fondo.

En cambio, la casa sigue siendo una entidad más, nutrida de tantas idas y venidas que no ha agotado la energía que acumuló durante décadas. Para quienes la conocieron, la visitaron o la habitaron, llegar a ella es sentir el abrazo cálido de la historia. Es una generosa entidad. Acercarte a la estación de Gorafe es ya abandonar el siglo en el que vivimos. Conforme el coche avanza por el pedregoso camino y alcanza el altozano, el silencio reina. Las casillas murmuran lo que les permite el viento. Ecos marchitos dialogan con los retales de hierbas imprudentes.

Recuerdo haber entrado en la cocina, cuando aún su suelo no se había precipitado sobre las cuadras. A veces subíamos a divertirnos en las habitaciones de la parte superior, donde las estancias se sucedían entre sí. Entonces los cristales de las ventanas estaban rotos y los pájaros vivían a sus anchas. Desde una de ellas se podía acceder por unas escalerillas de palo al palomar, donde en su día la abuela María ocultó la capilla portátil de la virgen. Nos gustaba ver cuántos huevecillos había puestos. También esquivábamos las ortigas que había en la entrada de los corrales de la casa de la Tía María, para seguir corriendo y jugar al escondite. No hacían falta juguetes. Todo era entretenimiento. Entiendo pues, que haya sido imperio de infancia durante generaciones, por todo lo que de niños se podía descubrir e inventar.

Sin embargo, para mantenerlo, hizo falta el indispensable y obligado trabajo de los mayores, el sacrificio constante de entregar la vida, como un misionero o peregrino crédulo, para que aquel propósito pudiera prosperar. Son las manos de aquellas personas, sus grietas, turgencias y durezas las que se hicieron campo, quedaron grabadas en ellas el esfuerzo, el sudor, el dolor. Y siguieron aun así trabajando. Por todo ello, por el homenaje necesario y merecido que aquellos vecinos, dadores de vida, han de tener, para dar a conocer a una comunidad de personas que obviaron la adversidad y afrontaron la escasez. Porque encontraron incluso solución en un páramo donde, al igual que los primeros nómadas que se asentaron, tenían solamente a su favor el fuego y la rueda como inventos.

Este libro se terminó de editar en Granada
en junio de 2025 por

Aliarediciones

www.aliarediciones.es
info@aliarediciones.es